A BÍBLIA DA COZINHA TRADICIONAL CHINESA WOK

MAIS DE 100 RECEITAS TRADICIONAIS CHINESAS PARA FRITAR, FRITAR A VAPOR, FRITAR E FUMAR COM A FERRAMENTA MAIS VERSÁTIL DA COZINHA

ADELITA VALLEJO

Todos os direitos reservados.

Isenção de responsabilidade

As informações contidas neste eBook destinam-se a servir como uma coleção abrangente de estratégias sobre as quais o autor deste eBook pesquisou. Resumos, estratégias, dicas e truques são recomendados apenas pelo autor, e a leitura deste e-book não garante que os resultados de alguém reflitam exatamente os resultados do autor. O autor do eBook fez todos os esforços razoáveis para fornecer informações atuais e precisas para os leitores do eBook. O autor e seus associados não serão responsabilizados por quaisquer erros ou omissões não intencionais que possam ser encontrados. O material do eBook pode incluir informações de terceiros. Materiais de terceiros compreendem opiniões expressas por seus proprietários. Como tal, o autor do eBook não assume responsabilidade ou obrigação por qualquer material ou opinião de terceiros.

O eBook é copyright © 2022 com todos os direitos reservados. É ilegal redistribuir, copiar ou criar trabalhos derivados deste eBook no todo ou em parte. Nenhuma parte deste relatório pode ser reproduzida ou retransmitida em qualquer forma reproduzida ou retransmitida de qualquer forma sem a permissão por escrito expressa e assinada do autor.

ÍNDICE

ÍNDICE 3
INTRODUÇÃO 7
CAFÉ DA MANHÃ 10
    1.   Tosta de camarão 11
    2.   Adesivos de pote perfeitos 14
    3.   Rolinhos de Ovos Chineses 18
    4.   Xícaras de Hash Brown assadas com ovos 21
    5.   Wontons de cream cheese 24
    6.   Camarão e ovos mexidos 27

LANCHES 29
    7.   Pipoca Hakka Spice 30
    8.   Ovos embebidos em chá 32
    9.   Pães de Cebolinha no Vapor 35
    10.   Bolo de esponja de amêndoa cozido no vapor 39
    11.   Folhados de Açúcar 42
    12.   Crisântemo e pêssego Tong Sui 45

PRATO PRINCIPAL 47
    13.   Ovo frito arroz 48
    14.   Arroz frito de porco clássico 51
    15.   Macarrão bêbado 53
    16.   Macarrão de Sichuan dan 56
    17.   Congee de Porco 59
    18.   Arroz Frito com Camarão, Ovo e Cebolinha 62
    19.   Arroz frito com truta defumada 65
    20.   Arroz Frito Spam 68
    21.   Arroz cozido no vapor com Lap Cheung e Bok Choy 71
    22.   Macarrão de Alho 74

23.	Massa de macarrão de Singapura	76
24.	Macarrão Hakka	79
25.	Pad Veja Nós	82
26.	Chow-mein de frango	85
27.	bife Lo Mein	89
28.	Macarrão Dan Dan	92
29.	Beef Chow Divertido	95
30.	Camarão Sal e Pimenta	98
31.	camarão bêbado	101
32.	Camarão Noz	104
33.	Vieiras aveludadas	108
34.	Frutos do mar e legumes salteados com macarrão	111
35.	Caranguejo de coco	114
36.	Lula de pimenta preta frita	117
37.	Ostras fritas com confete de pimenta e alho	120
38.	Frango Kung Pao	123
39.	Frango com Brócolis	126
40.	Frango com raspas de tangerina	129
41.	Frango com caju	133
42.	Frango aveludado e ervilhas	136
43.	Frango e legumes com molho de feijão preto	140
44.	Frango com Feijão Verde	143
45.	Frango ao molho de gergelim	146
46.	Frango agridoce	150
47.	Refogado de Ovo de Tomate	154
48.	Asas de frango frito para viagem chinesa	157
49.	Frango tailandês com manjericão	160
50.	Barriga de porco assada	162
51.	Refogado de tomate e carne	165
52.	Carne e Brócolis	168
53.	Fritada de carne com pimenta preta	171
54.	Carne de gergelim	174
55.	Carne da Mongólia	178
56.	Carne de Sichuan com aipo e cenoura	181

57.	XÍCARAS DE ALFACE BOVINA HOISIN	184
58.	COSTELETAS DE PORCO FRITAS COM CEBOLA	187
59.	CINCO ESPECIARIAS DE PORCO COM BOK CHOY	190
60.	HOISIN PORCO FRITO	193
61.	BARRIGA DE PORCO DUAS VEZES COZIDA	196
62.	MU SHU PORCO COM PANQUECAS DE FRIGIDEIRA	199
63.	COSTELINHA DE PORCO COM MOLHO DE FEIJÃO PRETO	203
64.	CORDEIRO DA MONGÓLIA FRITO	206
65.	CORDEIRO TEMPERADO COM COMINHO	209
66.	CORDEIRO COM GENGIBRE E ALHO-PORÓ	212
67.	CARNE DE MANJERICÃO TAILANDÊS	215
68.	PORCO DE CHURRASCO CHINÊS	217
69.	PÃEZINHOS DE PORCO DE CHURRASCO NO VAPOR	221
70.	BARRIGA DE PORCO ASSADA CANTONÊS	225
71.	ERVILHAS DE NEVE SALTEADAS	228
72.	ESPINAFRE REFOGADO COM ALHO E MOLHO DE SOJA	230
73.	REPOLHO NAPA FRITO PICANTE	232
74.	FEIJÃO DE CORDA FRITO	235
75.	BOK CHOY E COGUMELOS FRITOS	238
76.	MIX DE LEGUMES FRITOS	241
77.	DELÍCIA DE BUDA	244
78.	TOFU ESTILO HUNAN	247
79.	MA PO TOFU	251
80.	COALHADA DE FEIJÃO NO VAPOR EM UM MOLHO SIMPLES	255
81.	ASPARGOS DE GERGELIM	258
82.	BRÓCOLIS CHINÊS COM MOLHO DE OSTRA	261

SOPAS 264

83.	SOPA DE MACARRÃO COM CURRY DE COCO	265
84.	SOPA DE MACARRÃO DE CARNE PICANTE	267
85.	SOPA DE OVO	270
86.	SOPA DE WONTON SIMPLES	272
87.	SOPA DE OVO	275
88.	SOPA QUENTE E AZEDA	277

| 89. | Sopa de macarrão de carne | 281 |

CONDIMENTOS 285

90.	Molho de feijão preto	286
91.	Óleo de Cebolinha-Gengibre	288
92.	Molho XO	290
93.	Óleo de pimenta frita	293
94.	Molho de ameixa	295

SOBREMESAS 298

95.	Lanche de inhame, cenoura e pepino	299
96.	Biscoitos chineses de amêndoa	302
97.	Nian Gao	306
98.	Pudim de Arroz Oito Tesouros	309
99.	Sobremesa flutuante de amêndoa chinesa	313
100.	Creme de ovo cozido no vapor	316

CONCLUSÃO 319

INTRODUÇÃO

A China é o país com os cidadãos mais proeminentes e a nação com a culinária mais alta e inovadora do mundo. O nome geral para pratos de diferentes regiões e etnias da China é cozinha chinesa. Com excelente infraestrutura, ricas divisões e instituições, e uma temática diferenciada, tem uma longa história. É a cristalização do passado de milhares de anos da culinária chinesa. Um aspecto significativo da cultura chinesa, também conhecida como tradição culinária chinesa, é a culinária chinesa. A cozinha chinesa é uma das triplas cozinhas internacionais e tem uma influência de longo alcance na região do leste asiático. Os ingredientes são provenientes de diferentes áreas e pratos culturais.

Os alimentos chineses são muito diferentes de todos os outros alimentos em diferentes países. Os ingredientes e o sabor podem variar de região para região na China, mas o método de preparação é quase idêntico. Os alimentos chineses prevalecem desde os tempos antigos e são amplamente famosos por seu sabor único e ingredientes saudáveis. Há muitos benefícios em comer comida chinesa, pois fornece os nutrientes que o corpo precisa e usa menos ingredientes gordurosos. O arroz é o principal alimento na China que é servido em todos os pratos e em todas as refeições. Os budistas que não podem consumir carne podem comer pratos vegetarianos.

A cozinha chinesa não é apenas saborosa, mas também saudável e nutritiva. Os temperos usados na culinária chinesa estão cheios de nutrientes que o corpo humano precisa para trabalhar o dia inteiro. Estes são uma rica fonte de carboidratos, amido, proteínas e fibras. Este livro, "Livro de receitas chinês", explicará a culinária chinesa e sua história inicial. O primeiro capítulo apresentará a comida chinesa e seu surgimento desde a dinastia Zhou até a dinastia Ming e sua evolução ao longo do tempo.

O segundo capítulo é sobre receitas de café da manhã e lanches para fazer você começar o dia com receitas deliciosas e rápidas. O terceiro capítulo é sobre receitas de almoço, sopa e salada para recuperar a energia que você desperdiçou durante o trabalho. O quarto capítulo inclui receitas de jantar e sobremesas para fazer comida saborosa para sua refeição em família com alguns pratos doces e acompanhamentos.

O último capítulo fornecerá pratos chineses mundialmente famosos, incluindo receitas vegetarianas. Você pode optar por fazer essas receitas em seu

eventos ou reuniões familiares. Por fim, uma breve conclusão sobre a escolha da culinária chinesa para você e sua família é fornecida para ajudá-lo a apoiar sua ideia de selecionar a comida chinesa. Então, comece a ler este livro e aprimore seus conhecimentos e habilidades culinárias com o "Livro de Receitas Chinês".

CAFÉ DA MANHÃ

1. Tosta de camarão

Porção: 4

Ingredientes:

- 1 colher de sopa de molho de soja
- 1 clara de ovo
- ½ colher de chá de açúcar branco
- ½ colher de chá de páprica
- ½ kg de camarão cru
- ½ xícara de cebolinha verde fatiada finamente
- 3 dentes de alho
- Sal a gosto
- 4 fatias de pão branco
- 1 colher de chá de sementes de gergelim
- 1 colher de raiz de gengibre
- 1 filé de anchova
- 1 colher de chá de óleo de gergelim
- ¼ xícara de folhas de coentro

- 1 colher de chá de molho de peixe asiático
- 1 pitada de pimenta caiena
- 1 xícara de óleo vegetal

Método:

a) Bata todos os ingredientes em um processador de alimentos e bata até que a mistura fique homogênea.

b) Torre levemente as fatias de pão e cole a mistura de camarão sobre as torradas.

c) Corte as bordas e corte ao meio.

d) Adicione o óleo vegetal na frigideira e frite até dourar.

e) Sirva quente com cebolinha verde.

2. Adesivos de pote perfeitos

Porção: 6

Ingredientes:
- ½ xícara de cebolinha verde
- 1 pitada de pimenta caiena
- 1 ½ xícaras de repolho verde
- 3 colheres de gengibre fresco
- 2 colheres de sopa de molho de soja
- 1 libra de porco

- 4 dentes de alho
- 1 colher de chá de óleo de gergelim

Molho
- ¼ xícara de vinagre de arroz
- ¼ xícara de molho de soja

Ingredientes da massa
- ¾ colher de chá de sal kosher

- 2 ½ xícaras de farinha de trigo
- 1 xícara de água quente

Fritar

- 8 colheres de sopa de água para cozinhar
- 6 colheres de óleo vegetal

Método:

a) Misture a cebola verde, repolho, pimenta, alho, molho de soja com gengibre, óleo de gergelim e carne de porco em uma tigela e misture com um garfo.

b) Cubra com plástico e leve à geladeira por uma hora.

c) Misture os ingredientes da massa e faça a massa.

d) Sove a massa até ficar macia e lisa.

e) Enrole a massa e deixe descansar por 30 minutos.

f) Corte a massa em pedaços pequenos e faça embalagens adesivas.

g) Preencha os adesivos com a mistura de carne de porco e dobre.

h) Misture os ingredientes do molho para fazer o molho.

i) Aqueça uma frigideira e coloque os potstickers em óleo quente até dourar.

j) Regue com água e cozinhe no vapor por 7 minutos ou até ficar crocante.

k) Sirva com molho de mergulho.

3. Rolinhos de Ovos Chineses

Porção: 20

Ingredientes:

- 8 onças de brotos de bambu
- 1 xícara de cogumelo orelha de madeira
- 4 colheres de chá de óleo vegetal
- 3 ovos grandes
- 1 colher de chá de açúcar
- Envoltórios de rolo de ovo de 14 onças
- 1 clara de ovo
- 1 libra de porco assado
- 2 cebolinhas verdes
- 2 ½ colheres de chá de molho de soja
- 4 xícaras de óleo para fritar
- 1 repolho de cabeça média
- ½ cenoura
- 1 colher de chá de sal

Método:

a) Aqueça a frigideira e adicione 1 colher de sopa de óleo.

b) Adicione o ovo batido no óleo e cozinhe por 2 minutos em fogo baixo.

c) Mude de lado e cozinhe por mais 1 minuto.

d) Reserve e deixe esfriar e corte em tiras finas.

e) Adicione o óleo vegetal na frigideira e aqueça os ingredientes restantes até que os legumes estejam totalmente cozidos.

f) Adicione o ovo fatiado nos legumes e leve à geladeira por 1 hora.

g) Pegue uma embalagem plástica e coloque a mistura de vegetais.

h) Enrole a folha de plástico até que os cantos superiores estejam selados.

i) Cubra com plástico para evitar o ressecamento.

4. Xícaras de Hash Brown assadas com ovos

Porção: 4

Ingredientes:

- ½ xícara de queijo cheddar ralado
- cebolinha
- ¼ colher de chá de pimenta preta
- spray de cozinha de óleo de canola
- 8 ovos grandes
- spray de cozinha de óleo de canola
- 1 saco de batata palha
- Pimenta preta
- 4 tiras de bacon
- ½ colher de chá de alho em pó
- Sal

Método:

a) Aqueça o forno a 400°F.
b) Coloque as batatas raladas em uma tigela e misture com os temperos.

c) Pressione as batatas até que a água saia.

d) Asse as batatas em forminhas de muffin por 20 a 25 minutos.

e) Aqueça a frigideira e adicione os ovos batidos.

f) Mexa com uma espátula de borracha. Não cozinhe demais os ovos.

g) Adicione os ovos e o tempero na batata e asse novamente por 3 a 7 minutos até derreter totalmente.

h) Sirva com molho.

5. Wontons de cream cheese

Porção: 6

Ingredientes:

- 8 onças de queijo creme
- ½ colher de chá de açúcar
- 24 embalagens de wonton
- 1 ovo batido
- óleo para fritar
- 2 colheres de chá de cebolinha picada
- ½ colher de chá de cebola em pó

Método:

a) Misture e misture o açúcar, o cream cheese e a cebola em pó.

b) Coloque um invólucro de wonton e coloque uma colher de chá de cream cheese sobre ele.

c) Pincele as bordas com ovo e enrole em forma de pacote.

d) Aqueça a panela em 350 ° F com quatro colheres de sopa de óleo.

e) Frite os wontons por 6 a 7 minutos ou até dourar.

f) Mergulhe em uma toalha de papel e reserve.

g) Frite todos os wraps de wonton e sirva com molho de tamari.

6. Camarão e ovos mexidos

Ingredientes:

- 2 colheres de sopa de sal kosher, além de mais para temperar
- 2 colheres de açúcar
- 2 xícaras de água fria
- Camarão médio de 6 onças (U41-50), descascado e limpo
- 4 ovos grandes, em temperatura ambiente
- $\frac{1}{2}$ colher de chá de óleo de gergelim
- Pimenta preta moída na hora
- 2 colheres de sopa de óleo vegetal, dividido
- 2 fatias de gengibre fresco descascadas, cada uma do tamanho de um quarto
- 2 dentes de alho, em fatias finas
- 1 maço de cebolinha, cortada em pedaços de $\frac{1}{2}$ polegada

instruções:

a) Em uma tigela grande, misture o sal e o açúcar na água até dissolver. Adicione o camarão à salmoura. Cubra e leve à geladeira por 10 minutos.

b) Escorra o camarão em uma peneira e lave. Descarte a salmoura. Espalhe o camarão em uma assadeira forrada com papel toalha e seque.

c) Em outra tigela grande, bata os ovos com o óleo de gergelim e uma pitada de sal e pimenta até combinar. Deixou de lado.

d) Aqueça uma wok em fogo médio-alto até que uma gota de água chie e evapore em contato. Despeje 1 colher de sopa de óleo vegetal e agite para revestir a base do wok. Tempere o azeite adicionando o gengibre e uma pitada de sal. Deixe o gengibre chiar no óleo por cerca de 30 segundos, girando suavemente.

e) Adicione o alho e frite brevemente para dar sabor ao óleo, cerca de 10 segundos. Não deixe o alho dourar ou queimar. Adicione os camarões e refogue por cerca de 2 minutos, até ficarem rosados. Transfira para um prato e descarte o gengibre.

f) Retorne a wok ao fogo e adicione a 1 colher de sopa restante de óleo vegetal. Quando o óleo estiver quente, agite a mistura de ovos na wok. Agite e agite os ovos para cozinhar. Adicione a cebolinha à panela e continue cozinhando até que os ovos estejam cozidos, mas não secos. Retorne o camarão para a panela e misture. Transfira para um prato de servir.

LANCHES

7. Pipoca Hakka Spice

Ingredientes

- Mistura de especiarias
- 2 colheres de óleo vegetal
- $\frac{1}{2}$ xícara de grãos de pipoca
- sal Kosher

instruções:

a) Em uma pequena frigideira ou frigideira, misture os temperos; sementes de anis estrelado, sementes de cardamomo, cravo, pimenta, sementes de coentro e sementes de erva-doce. Torre as especiarias por 5 a 6 minutos.

b) Retire a panela do fogo e transfira as especiarias para um almofariz e pilão ou moedor de especiarias. Moa as especiarias a um pó fino e transfira para uma tigela pequena.

c) Adicione a canela em pó, gengibre, açafrão e pimenta caiena e mexa para combinar. Deixou de lado.

d) Aqueça uma wok em fogo médio-alto até que comece a soltar fumaça. Despeje o óleo vegetal e ghee e agite para revestir o wok. Adicione 2 grãos de pipoca à wok e tampe. Quando eles estourarem, adicione o restante dos grãos e cubra. Agite constantemente até que o estouro pare.

e) Transfira a pipoca para um saco de papel grande. Adicione 2 pitadas generosas de sal kosher e 1 $\frac{1}{2}$ colheres de sopa da mistura de especiarias. Feche o saco e agite!

8. Ovos embebidos em chá

Ingredientes

- 2 xícaras de água
- ¾ xícara de molho de soja escuro
- 6 fatias de gengibre fresco descascadas, cada uma do tamanho de um quarto
- 2 anis estrelado inteiro
- 2 paus de canela
- 6 cravos inteiros
- 1 colher de chá de sementes de erva-doce
- 1 colher de chá de pimenta de Sichuan ou pimenta preta
- 1 colher de chá de açúcar
- 5 saquinhos de chá preto descafeinado
- 8 ovos grandes, em temperatura ambiente

instruções:

a) Em uma panela, leve a água para ferver. Adicione a soja escura, gengibre, anis, paus de canela, cravo, sementes de erva-doce, pimenta e açúcar. Tampe a panela e reduza o fogo para ferver; cozinhe por 20 minutos. Desligue o fogo e adicione os saquinhos de chá. Deixe o chá em infusão por 10 minutos. Coe o chá através de uma peneira de malha fina em um copo medidor grande à prova de calor e deixe esfriar enquanto você cozinha os ovos.

b) Encha uma tigela grande com gelo e água para criar um banho de gelo para os ovos e reserve. Em uma wok, leve água suficiente para cobrir os ovos por cerca de uma polegada para ferver. Abaixe suavemente os ovos na água, reduza o fogo para ferver e cozinhe por 9 minutos. Retire os ovos com uma escumadeira e transfira para o banho de gelo até esfriar.

c) Retire os ovos do banho de gelo. Bata os ovos com as costas de uma colher para quebrar as cascas para que a marinada possa penetrar entre as rachaduras, mas com cuidado o suficiente para deixar as cascas. As conchas devem acabar parecendo um mosaico. Coloque os ovos em uma jarra grande (pelo menos 32 onças) e cubra-os com a marinada. Guarde-os na geladeira por pelo menos 24 horas ou até uma semana. Retire os ovos da marinada na hora de servir.

9. Pães de Cebolinha no Vapor

Ingredientes

- ¾ xícara de leite integral, em temperatura ambiente
- 1 colher de açúcar
- 1 colher de chá de fermento biológico seco
- 2 xícaras de farinha de trigo
- 1 colher de chá de fermento em pó
- ¾ colher de chá de sal kosher, dividido
- 2 colheres de sopa de óleo de gergelim, dividido
- 2 colheres de chá de cinco especiarias chinesas em pó, divididas
- 6 cebolinhas, em fatias finas

instruções:

a) Misture o leite, o açúcar e o fermento. Reserve por 5 minutos para ativar o fermento.

b) Em uma tigela grande, misture a farinha, o fermento e o sal para combinar. Despeje a mistura de leite. Combine, até formar uma massa macia e elástica, ou 6 a 8 minutos à mão. Coloque em uma tigela e cubra com uma toalha para descansar por 10 minutos.

c) Com um rolo, enrole uma peça em um retângulo, 15 por 18 polegadas. Pincele 1 colher de sopa de óleo de gergelim sobre a massa. Tempere com cinco especiarias em pó e sal.

Polvilhe com metade da cebolinha e pressione suavemente na massa.

d) Enrole a massa começando pela borda longa como faria com um rolo de canela. Corte o tronco enrolado em 8 pedaços iguais. Para moldar o pão, pegue 2 pedaços e empilhe-os um em cima do outro em seus lados, de modo que os lados cortados fiquem voltados para fora.

e) Use um pauzinho para pressionar o centro da pilha; isso irá empurrar o recheio ligeiramente. Retire o palito. Usando os dedos, puxe as duas extremidades da massa levemente para esticar e, em seguida, enrole as extremidades por baixo do meio, apertando as extremidades.

f) Coloque o pão em um quadrado de 3 polegadas de papel manteiga e coloque dentro de uma cesta de vapor para a prova. Repita o processo de modelagem com a massa restante, certificando-se de que haja pelo menos 5 cm de espaço entre os pães. Você pode usar uma segunda cesta de vapor se precisar de mais espaço. Você deve ter 8 pães torcidos. Cubra as cestas com filme plástico e deixe crescer por 1 hora, ou até dobrar de tamanho.

g) Despeje cerca de 2 polegadas de água na wok e coloque as cestas de vapor na wok. O nível da água deve ficar acima da borda inferior do vaporizador em $\frac{1}{4}$ a $\frac{1}{2}$ polegada, mas não tão alto que toque o fundo da cesta. Cubra as cestas com a tampa da cesta de vapor e leve a água para ferver em fogo médio-alto.

h) Reduza o fogo para médio e cozinhe no vapor por 15 minutos, adicionando mais água à wok, se necessário. Desligue o fogo e mantenha as cestas tampadas por mais 5 minutos. Transfira os pães para uma travessa e sirva.

10. Bolo de esponja de amêndoa cozido no vapor

Ingredientes

- Spray de cozinha antiaderente
- 1 xícara de farinha de bolo, peneirada
- 1 colher de chá de fermento em pó
- ¼ colher de chá de sal kosher
- 5 ovos grandes, separados
- ¾ xícara de açúcar, dividido
- 1 colher de chá de extrato de amêndoa
- ½ colher de chá de cremor tártaro

instruções:

a) Forre uma forma de bolo de 8 polegadas com papel manteiga. Pulverize levemente o pergaminho com spray de cozinha antiaderente e reserve.

b) Em uma tigela, peneire a farinha de bolo, o fermento e o sal juntos.

c) Em uma batedeira ou batedeira em velocidade média, bata as gemas com ½ xícara de açúcar e o extrato de amêndoa por cerca de 3 minutos, até ficarem esbranquiçadas e espessas. Adicione a mistura de farinha e misture apenas até combinar. Deixou de lado.

d) Limpe o batedor e em outra tigela limpa, bata as claras com o cremor tártaro até espumar. Enquanto a batedeira estiver funcionando, continue a bater as claras enquanto adiciona gradualmente o restante $\frac{1}{4}$ xícara de açúcar. Bata por 4 a 5 minutos, até que as claras fiquem brilhantes e desenvolvam picos firmes.

e) Dobre as claras na massa do bolo e misture delicadamente até que as claras estejam incorporadas. Transfira a massa para a forma de bolo preparada.

f) Lave uma cesta de bambu para vapor e sua tampa em água fria e coloque-a na wok. Despeje em 2 polegadas de água, ou até chegar acima da borda inferior do vaporizador por $\frac{1}{4}$ a $\frac{1}{2}$ polegada, mas não tanto que toque o fundo da cesta. Coloque a panela central na cesta de vapor.

g) Leve a água para ferver em fogo alto. Coloque a tampa na cesta de cozimento a vapor e abaixe o fogo para médio. Cozinhe o bolo no vapor por 25 minutos, ou até que um palito inserido no centro saia limpo.

h) Transfira o bolo para uma grade de resfriamento de arame e deixe esfriar por 10 minutos. Vire o bolo para a grade e retire o papel manteiga. Inverta o bolo de volta em um prato de servir para que fique com o lado certo para cima. Corte em 8 fatias e sirva quente.

11. Folhados de Açúcar

Ingredientes

- ½ xícara de água
- 2 colheres de chá de manteiga sem sal
- ¼ xícara de açúcar, dividido
- sal Kosher
- ½ xícara de farinha de trigo não branqueada
- 3 xícaras de óleo vegetal
- 2 ovos grandes, batidos

instruções:

a) Em uma panela pequena, aqueça a água, a manteiga, 2 colheres de chá de açúcar e uma pitada de sal em fogo médio-alto. Deixe ferver e misture a farinha. Continue mexendo a farinha com uma colher de pau até que a mistura pareça um purê de batatas e uma fina camada de massa tenha se desenvolvido no fundo da panela. Desligue o fogo e transfira a massa para uma tigela grande. Resfrie a massa por cerca de 5 minutos, mexendo de vez em quando.

b) Enquanto a massa esfria, despeje o óleo na wok; o óleo deve ser de cerca de 1 a 1 ½ polegadas de profundidade. Leve o óleo a 375 ° F em fogo médio-alto. Você pode dizer que o óleo está pronto quando você mergulha a ponta de uma colher de pau e o óleo borbulha e chia ao redor da colher.

c) Despeje os ovos batidos na massa em dois lotes, mexendo vigorosamente os ovos na massa antes de adicionar o próximo lote. Quando todos os ovos tiverem sido incorporados, a massa deve ficar acetinada e brilhante.

d) Usando 2 colheres de sopa, pegue a massa com uma e use a outra para empurrar suavemente a massa da colher para o óleo quente. Deixe os folhados fritarem por 8 a 10 minutos, virando com frequência, até que os folhados inchem 3 vezes seu tamanho original e fiquem dourados e crocantes.

e) Usando uma escumadeira wok, transfira os puffs para um prato forrado com papel toalha e deixe esfriar por 2 a 3 minutos. Coloque o açúcar restante em uma tigela e jogue os puffs nele. Sirva quente.

12. Crisântemo e pêssego Tong Sui

Ingredientes

- 3 xícaras de água
- $\frac{3}{4}$ xícara de açúcar granulado
- $\frac{1}{4}$ xícara de açúcar mascavo claro
- Pedaço de gengibre fresco de 2 polegadas, descascado e esmagado
- 1 colher de sopa de botões de crisântemo secos
- 2 pêssegos amarelos grandes, descascados, sem caroço e cortados em 8 fatias cada

instruções:

a) Em uma wok em fogo alto, ferva a água, abaixe o fogo para médio-baixo e adicione o açúcar granulado, o açúcar mascavo, o gengibre e os botões de crisântemo. Mexa delicadamente para dissolver os açúcares. Adicione os pêssegos.

b) Cozinhe suavemente por 10 a 15 minutos, ou até que os pêssegos estejam macios. Eles podem conferir uma bela cor rosada à sopa. Descarte o gengibre e divida a sopa e os pêssegos em tigelas e sirva.

PRATO PRINCIPAL

13. Ovo frito arroz

Ingredientes:
- 5 xícaras de arroz cozido
- 5 ovos grandes (divididos)
- 2 colheres de água
- ¼ colher de chá de páprica
- ¼ colher de chá de açafrão
- 3 colheres de sopa de óleo (dividido)
- 1 cebola média, finamente picada
- ½ pimentão vermelho, finamente picado
- ½ xícara de ervilhas congeladas, descongeladas
- 1½ colheres de chá de sal
- ¼ colher de chá de açúcar
- ¼ colher de chá de pimenta preta
- 2 cebolinhas, picadas

instruções:
a) Use um garfo para soltar o arroz e separe-o. Se você estiver usando arroz recém-cozido, deixe-o no balcão descoberto até que pare de fumegar antes de soltá-lo.
b) Bata 3 ovos em uma tigela. Bata os outros 2 ovos em outra tigela, junto com 2 colheres de água, a páprica e a cúrcuma. Coloque essas duas tigelas de lado.
c) Aqueça uma wok em fogo médio e adicione 2 colheres de sopa de óleo. Adicione os 3 ovos batidos (sem os temperos) e mexa. Retire-os da wok e reserve.
d) Aqueça a wok em fogo alto e adicione a última colher de sopa de óleo. Adicione a cebola picada e o pimentão. Frite por 1-2 minutos. Em seguida, adicione o arroz e refogue por 2 minutos, usando um movimento de colher para aquecer o

arroz uniformemente. Use sua espátula wok para achatar e quebrar quaisquer grumos de arroz.

e) Em seguida, despeje o ovo cru restante e a mistura de especiarias sobre o arroz e frite por cerca de 1 minuto, até que todos os grãos de arroz estejam cobertos pelo ovo.

f) Adicione as ervilhas e frite continuamente por mais um minuto. Em seguida, espalhe o sal, o açúcar e a pimenta preta sobre o arroz e misture. Agora você deve ver um pouco de vapor saindo do arroz, o que significa que ele está aquecido.

14. Arroz frito de porco clássico

Ingredientes:
- 1 colher de água quente
- 1 colher de chá de mel
- 1 colher de chá de óleo de gergelim
- 1 colher de chá de vinho Shaoxing
- 1 colher de sopa de molho de soja
- 1 colher de chá de molho de soja escuro
- $\frac{1}{4}$ colher de chá de pimenta branca
- 5 xícaras de arroz branco cozido
- 1 colher de óleo
- 1 cebola média, em cubos
- 1 libra de carne de porco chinesa para churrasco, cortada em pedaços
- 2 ovos, mexidos
- $\frac{1}{2}$ xícara de broto de feijão mungo
- 2 cebolinhas, picadas

instruções:
a) Comece combinando a água quente, mel, óleo de gergelim, vinho Shaoxing, molho de soja, molho de soja escuro e pimenta branca em uma tigela pequena.
b) Pegue o arroz cozido e solte-o com um garfo ou com as mãos.
c) Com a wok em fogo médio, adicione uma colher de sopa de óleo e refogue a cebola até ficar translúcida. Junte a carne de porco assada. Adicione o arroz e misture bem. Adicione a mistura de molho e sal e misture com um movimento de colher até que o arroz esteja uniformemente coberto com o molho.
d) Atire em seus ovos, brotos de feijão mungo e cebolinha. Misture bem por mais um minuto ou dois e sirva!

15. Macarrão bêbado

Ingredientes:

Para o frango e a marinada:
- 2 colheres de água
- 12 onças de coxas de frango fatiadas ou peito de frango
- 1 colher de chá de molho de soja
- 1 colher de chá de óleo
- 2 colheres de chá de amido de milho

Para o resto do prato:
- 8 onças de macarrão de arroz seco de largura, cozido
- 1 ½ colher de chá de açúcar mascavo, dissolvido em 1 colher de sopa de água quente
- 2 colheres de chá de molho de soja
- 1 colher de chá de molho de soja escuro
- 1 colher de sopa de molho de peixe
- 2 colheres de chá de molho de ostra
- pitada de pimenta branca moída
- 3 colheres de sopa de óleo vegetal ou de canola (dividido)
- 3 dentes de alho, fatiados
- ¼ colher de chá de gengibre fresco ralado
- 2 chalotas cortadas em rodelas (cerca de ⅓ xícaras)
- 1 cebolinha, cortada em juliana em pedaços de 3 polegadas
- 4 pimentas vermelhas tailandesas, sem sementes e cortadas em juliana
- 1 xícara de manjericão sagrado frouxamente embalado ou manjericão tailandês
- 5 a 6 pedaços de milho baby, divididos ao meio (opcional)
- 2 colheres de chá de vinho Shaoxing

instruções:

a) Trabalhe as 2 colheres de sopa de água no frango fatiado com as mãos até que o frango absorva o líquido. Adicione o molho de soja, óleo, amido de milho e misture até que o frango esteja uniformemente revestido. Reserve por 20 minutos.
b) Misture a mistura dissolvida de açúcar mascavo, molhos de soja, molho de peixe, molho de ostra e pimenta branca em uma tigela pequena e reserve.
c) Aqueça sua wok até que esteja perto de fumar e espalhe 2 colheres de sopa de óleo ao redor do perímetro da wok. Adicione o frango e deixe dourar por 1 minuto de cada lado até que esteja cerca de 90% cozido. Retire da wok e reserve. Se o fogo foi alto o suficiente e você selou a carne corretamente, sua wok ainda deve estar limpa, sem nada grudado nela. Se não, você pode lavar o wok para evitar que o macarrão de arroz grude.
d) Continue com o wok em fogo alto e adicione 1 colher de sopa de óleo, juntamente com o alho e o gengibre ralado.
e) Após alguns segundos, adicione as chalotas. Frite por 20 segundos e adicione a cebolinha, pimenta, manjericão, milho e vinho Shaoxing. Frite por mais 20 segundos e adicione o macarrão de arroz. Use um movimento de escavação para misturar tudo por mais um minuto até que o macarrão aqueça.
f) Em seguida, adicione a mistura de molho preparada e frite no fogo mais alto por cerca de 1 minuto até que o macarrão esteja de cor uniforme. Tome cuidado para usar sua espátula de metal para raspar o fundo da wok para evitar que grude.
g) Adicione o frango selado e frite por mais 1 a 2 minutos. Servir!

16. Macarrão de Sichuan dan

Ingredientes:

Para o óleo de pimenta:
- 2 colheres de sopa de grãos de pimenta de Sichuan
- pedaço de canela de 1 polegada de comprimento
- anis de 2 estrelas
- 1 xícara de óleo
- ¼ xícara de flocos de pimenta vermelha esmagados

Para a carne e sui mi ya cai:
- 3 colheres de chá de óleo (dividido)
- 8 onças. carne de porco moída
- 2 colheres de chá de molho de feijão doce ou molho hoisin
- 2 colheres de chá de vinho shaoxing
- 1 colher de chá de molho de soja escuro
- ½ colher de chá de cinco especiarias em pó
- ⅓ xícara sui mi ya cai

Para o molho:
- 2 colheres de sopa de pasta de gergelim (tahine)
- 3 colheres de sopa de molho de soja
- 2 colheres de açúcar
- ¼ colher de chá de cinco especiarias em pó
- ½ colher de chá de pimenta de Sichuan em pó
- ½ xícara do seu óleo de pimenta preparado
- 2 dentes de alho bem picadinhos
- ¼ xícara de água quente do cozimento do macarrão

Para o macarrão e legumes:
- 1 libra de macarrão branco fresco ou seco, espessura média
- 1 maço pequeno de folhas verdes (espinafre, bok choy ou choy sum)

Para montar:
- amendoim picado (opcional)

- cebolinha picada

instruções:
a) Para fazer a mistura de carne: Em uma wok, aqueça uma colher de chá de óleo em fogo médio e doure a carne de porco moída. Adicione o molho de feijão doce, vinho shaoxing, molho de soja escuro e cinco especiarias em pó. Cozinhe até que todo o líquido evapore. Deixou de lado. Aqueça as outras 2 colheres de chá de óleo na wok em fogo médio e refogue o sui mi ya cai (legumes em conserva) por alguns minutos. Deixou de lado.
b) Para fazer o molho: Misture todos os ingredientes do molho. Prove e ajuste os temperos se desejar. Você pode soltá-lo com mais água quente, adicione mais pó de pimenta de Sichuan.
c) Para preparar o macarrão e legumes: Cozinhe o macarrão de acordo com as instruções da embalagem e escorra. Escalde as verduras na água do macarrão e escorra.
d) Divida o molho entre quatro tigelas, seguido pelo macarrão e as folhas verdes. Adicione a carne de porco cozida e sui mi ya cai por cima. Polvilhe com amendoim picado (opcional) e cebolinha.
e) Misture tudo e divirta-se!

17. Congee de Porco

Ingredientes:
- 10 xícaras de água
- ¾ xícara de arroz jasmim, lavado e escorrido
- 1 colher de chá de sal kosher
- 2 colheres de chá de gengibre fresco picado
- 2 dentes de alho, picados
- 1 colher de sopa de molho de soja light, e mais para servir
- 2 colheres de chá de vinho de arroz Shaoxing
- 2 colheres de chá de amido de milho
- 6 onças de carne de porco moída
- 2 colheres de óleo vegetal
- Legumes chineses em conserva, em fatias finas, para servir (opcional)
- Óleo de Cebolinha e Gengibre, para servir (opcional)
- Fried Chili Oil, para servir (opcional)
- Óleo de gergelim, para servir (opcional)

instruções:
a) Em uma panela de fundo grosso, leve a água para ferver. Misture o arroz e o sal e reduza o fogo para ferver. Cubra e cozinhe, mexendo ocasionalmente, por cerca de 1 hora e

meia, até que o arroz fique com uma consistência macia de mingau.

b) Enquanto o mingau cozinha, em uma tigela média, misture o gengibre, o alho, a soja light, o vinho de arroz e o amido de milho. Adicione a carne de porco e deixe marinar por 15 minutos.

c) Aqueça uma wok em fogo médio-alto até que uma gota de água chie e evapore em contato. Despeje o óleo vegetal e agite para revestir a base do wok. Adicione a carne de porco e frite, mexendo e quebrando a carne, cerca de 2 minutos.

d) Cozinhe por mais 1 a 2 minutos sem mexer para obter alguma caramelização.

e) Sirva o mingau em tigelas de sopa cobertas com a carne de porco frita. Decore com os toppings de sua preferência.

18. Arroz Frito com Camarão, Ovo e Cebolinha

Ingredientes:

- 2 colheres de óleo vegetal
- sal Kosher
- 1 ovo grande, batido
- ½ libra de camarão (qualquer tamanho), descascado, limpo e cortado em pedaços pequenos
- 1 colher de chá de gengibre fresco descascado finamente picado
- 2 dentes de alho, finamente picados
- ½ xícara de ervilhas e cenouras congeladas
- 2 cebolinhas, cortadas em fatias finas, divididas
- 3 xícaras de arroz cozido frio
- 3 colheres de manteiga sem sal
- 1 colher de sopa de molho de soja light
- 1 colher de óleo de gergelim

instruções:

a) Aqueça uma wok em fogo médio-alto até que uma gota de água chie e evapore em contato. Despeje o óleo vegetal e agite para revestir a base do wok. Tempere o azeite adicionando uma pequena pitada de sal. Adicione o ovo e mexa rapidamente.

b) Empurre o ovo para os lados do wok para criar um anel central e adicione o camarão, gengibre e alho juntos. Frite os camarões com uma pequena pitada de sal por 2 a 3 minutos, até ficarem opacos e rosados. Adicione as ervilhas e as cenouras e metade da cebolinha e refogue por mais um minuto.

c) Adicione o arroz, quebrando os pedaços grandes e mexa e vire para combinar todos os ingredientes. Frite por 1 minuto e empurre tudo para os lados da wok, deixando um buraco no fundo da wok.

d) Adicione a manteiga e a soja light, deixe a manteiga derreter e borbulhar, depois misture tudo para cobrir, cerca de 30 segundos.

e) Espalhe o arroz frito em uma camada uniforme na wok e deixe o arroz descansar contra a wok por cerca de 2 minutos para ficar levemente crocante. Regue com o óleo de gergelim e tempere com outra pequena pitada de sal. Transfira para uma travessa e sirva imediatamente, decorando com o restante da cebolinha.

19. Arroz frito com truta defumada

Ingredientes:

- 2 ovos grandes
- 1 colher de chá de óleo de gergelim
- sal Kosher
- Pimenta branca moída
- 1 colher de sopa de molho de soja light
- ½ colher de chá de açúcar
- 3 colheres de sopa de ghee ou óleo vegetal, divididas
- 1 colher de chá de gengibre fresco descascado finamente picado
- 2 dentes de alho, finamente picados
- 3 xícaras de arroz cozido frio
- 4 onças de truta defumada, quebrada em pedaços pequenos
- ½ xícara de corações de alface romana em fatias finas
- 2 cebolinhas, em fatias finas
- ½ colher de chá de sementes de gergelim branco

instruções:

a) Em uma tigela grande, bata os ovos com o óleo de gergelim e uma pitada de sal e pimenta branca até combinar. Em uma tigela pequena, misture a soja light e o açúcar para dissolver o açúcar. Deixou de lado.

b) Aqueça uma wok em fogo médio-alto até que uma gota de água chie e evapore em contato. Despeje 1 colher de sopa de ghee e agite para revestir a base do wok. Adicione a mistura de ovos e, usando uma espátula resistente ao calor, agite e agite os ovos para cozinhar. Transfira os ovos para um prato quando estiverem cozidos, mas não secos.

c) Adicione as 2 colheres de sopa restantes de ghee ao wok, juntamente com o gengibre e o alho. Frite rapidamente até que o alho e o gengibre fiquem aromáticos, mas tome cuidado para não deixá-los queimar. Adicione a mistura de arroz e soja e mexa para combinar. Continue fritando, cerca de 3 minutos. Adicione a truta e o ovo cozido e refogue para quebrá-los, cerca de 20 segundos. Adicione a alface e a cebolinha e refogue até que ambos fiquem verdes brilhantes.

d) Transfira para uma travessa e polvilhe com as sementes de gergelim.

20. Arroz Frito Spam

Ingredientes:
- 1 colher de óleo vegetal
- 2 fatias de gengibre fresco descascado
- sal Kosher
- 1 (12 onças) lata Spam, cortada em cubos de ½ polegada
- ½ cebola branca, cortada em cubos de ¼ de polegada
- 2 dentes de alho, finamente picados
- ½ xícara de ervilhas e cenouras congeladas
- 2 cebolinhas, cortadas em fatias finas, divididas
- 3 xícaras de arroz cozido frio
- ½ xícara de pedaços de abacaxi em conserva, sucos reservados
- 3 colheres de manteiga sem sal
- 2 colheres de sopa de molho de soja light
- 1 colher de chá de sriracha
- 1 colher de chá de açúcar mascavo claro
- 1 colher de óleo de gergelim

instruções:

a) Aqueça uma wok em fogo médio-alto até que uma gota de água chie e evapore em contato. Despeje o óleo vegetal e agite para revestir a base do wok. Tempere o azeite adicionando o gengibre e uma pequena pitada de sal. Deixe o gengibre chiar no óleo por cerca de 30 segundos, girando suavemente.

b) Adicione o Spam em cubos e espalhe-o uniformemente pelo fundo da wok. Deixe o Spam queimar antes de jogar e virar. Continue a fritar o Spam por 5 a 6 minutos, até que fique dourado e crocante em todos os lados.

c) Adicione a cebola e o alho e refogue por cerca de 2 minutos, até que a cebola comece a ficar translúcida. Adicione as ervilhas e as cenouras e metade da cebolinha. Frite por mais um minuto.

d) Misture o arroz e o abacaxi, quebrando os grandes pedaços de arroz e mexa e vire para combinar todos os ingredientes. Frite por 1 minuto e empurre tudo para os lados da wok, deixando um buraco no fundo da wok.

e) Adicione a manteiga, suco de abacaxi reservado, soja light, sriracha e açúcar mascavo. Mexa para dissolver o açúcar e deixe o molho ferver, depois cozinhe por cerca de um minuto para reduzir o molho e engrossar um pouco. Combine tudo para revestir, cerca de 30 segundos.

f) Espalhe o arroz frito em uma camada uniforme na wok e deixe o arroz descansar contra a wok para ficar levemente crocante, cerca de 2 minutos. Retire o gengibre e descarte. Regue com o óleo de gergelim e tempere com outra pequena pitada de sal. Transfira para uma travessa e decore com a cebolinha restante. Sirva imediatamente.

21. Arroz cozido no vapor com Lap Cheung e Bok Choy

Ingredientes:

- 1 ½ xícaras de arroz jasmim
- 4 elos de lap cheung (salsicha chinesa) ou chouriço espanhol
- 4 cabeças de baby bok choy, cada uma cortada em 6 fatias
- ¼ xícara de óleo vegetal
- 1 chalota pequena, em fatias finas
- Pedaço de gengibre fresco de 1 polegada, descascado e finamente picado
- 1 dente de alho, descascado e finamente picado
- 2 colheres de chá de molho de soja light
- 1 colher de sopa de molho de soja escuro
- 2 colheres de chá de vinho de arroz Shaoxing
- 1 colher de chá de óleo de gergelim
- Açúcar

instruções:

a) Em uma tigela, lave e mexa o arroz 3 ou 4 vezes em água fria, mexendo o arroz na água para enxaguar qualquer amido. Cubra o arroz com água fria e deixe de molho por 2 horas. Escorra o arroz por uma peneira de malha fina.

b) Lave duas cestas de bambu e suas tampas em água fria e coloque uma cesta na wok. Despeje 2 polegadas de água, ou o suficiente para fazer o nível da água ultrapassar a borda inferior do vaporizador em $\frac{1}{4}$ a $\frac{1}{2}$ polegada, mas não tão alto que a água toque o fundo do vaporizador.

c) Forre um prato com um pedaço de gaze e adicione metade do arroz embebido no prato. Disponha 2 salsichas e metade do bok choy por cima e amarre frouxamente a gaze para que haja espaço suficiente ao redor do arroz para que ele possa se expandir. Coloque o prato no cesto do vaporizador. Repita o processo com outro prato, mais gaze e a salsicha restante e a couve chinesa na segunda cesta de cozimento a vapor, depois empilhe-a em cima da primeira e cubra.

d) Aumente o fogo para médio-alto e deixe a água ferver. Cozinhe o arroz no vapor por 20 minutos, verificando o nível da água com frequência e adicionando mais conforme necessário.

e) Enquanto o arroz está cozinhando, em uma panela pequena, aqueça o óleo vegetal em fogo médio até que comece a soltar fumaça. Desligue o fogo e acrescente a cebola, o gengibre e o alho. Misture e adicione a soja clara, a soja escura, o vinho de arroz, o óleo de gergelim e uma pitada de açúcar. Reserve para esfriar.

f) Quando o arroz estiver pronto, desamarre cuidadosamente a gaze e transfira o arroz e a couve chinesa para uma travessa. Corte as salsichas na diagonal e disponha por cima do arroz. Sirva com o óleo de soja de gengibre ao lado.

22. Macarrão de Alho

Ingredientes:
- ½ libra de macarrão de ovo chinês fresco, cozido
- 2 colheres de sopa de óleo de gergelim, dividido
- 2 colheres de açúcar mascavo claro
- 2 colheres de sopa de molho de ostra
- 1 colher de sopa de molho de soja light
- ½ colher de chá de pimenta branca moída
- 6 colheres de manteiga sem sal
- 8 dentes de alho, finamente picados
- 6 cebolinhas, em fatias finas

instruções:
a) Regue o macarrão com 1 colher de sopa de óleo de gergelim e misture. Deixou de lado.

b) Em uma tigela pequena, misture o açúcar mascavo, o molho de ostra, a soja light e a pimenta branca. Deixou de lado.

c) Aqueça uma wok em fogo médio-alto e derreta a manteiga. Adicione o alho e metade da cebolinha. Frite por 30 segundos.

d) Despeje o molho e mexa para combinar com a manteiga e o alho. Leve o molho ao fogo e acrescente o macarrão. Misture o macarrão para revestir com o molho até que esteja aquecido.

23. Massa de macarrão de Singapura

Ingredientes:
- ½ libra de macarrão aletria de arroz seco
- ½ libra de camarão médio, descascado e limpo
- 3 colheres de sopa de óleo de coco, dividido
- sal Kosher
- 1 cebola branca pequena, cortada em tiras finas
- ½ pimentão verde, cortado em tiras finas
- ½ pimentão vermelho, cortado em tiras finas
- 2 dentes de alho, finamente picados
- 1 xícara de ervilhas congeladas, descongeladas
- ½ libra de porco assado chinês, cortado em tiras finas
- 2 colheres de chá de caril em pó
- Pimenta preta moída na hora
- Suco de 1 lima
- 8 a 10 ramos de coentro fresco

instruções:

a) Leve uma panela grande de água para ferver em fogo alto. Desligue o fogo e adicione o macarrão. Deixe de molho por 4 a 5 minutos, até que o macarrão fique opaco. Escorra cuidadosamente o macarrão em uma peneira. Lave o macarrão com água fria e reserve.

b) Em uma tigela pequena, tempere o camarão com o molho de peixe (se estiver usando) e reserve por 5 minutos. Se você não quiser usar molho de peixe, use uma pitada de sal para temperar o camarão.

c) Aqueça uma wok em fogo médio-alto até que uma gota de água chie e evapore em contato. Despeje 2 colheres de sopa de óleo de coco e agite para revestir a base do wok. Tempere o azeite adicionando uma pequena pitada de sal. Adicione o camarão e frite por 3 a 4 minutos, ou até que o camarão fique rosado. Transfira para uma tigela limpa e reserve.

d) Adicione a 1 colher de sopa restante de óleo de coco e agite para revestir a wok. Frite a cebola, o pimentão e o alho por 3 a 4 minutos, até que as cebolas e os pimentões estejam macios. Adicione as ervilhas e frite até aquecer, cerca de mais um minuto.

e) Adicione a carne de porco e devolva os camarões ao wok. Misture com o curry em pó e tempere com sal e pimenta. Adicione o macarrão e misture para combinar. O macarrão ficará com uma cor amarela dourada brilhante enquanto você continua a jogá-lo suavemente com os outros ingredientes. Continue fritando e mexendo por cerca de 2 minutos, até que o macarrão esteja aquecido.

f) Transfira o macarrão para uma travessa, regue com o suco de limão e decore com o coentro. Sirva imediatamente.

24. Macarrão Hakka

Ingredientes:

- ¾ libra de macarrão à base de farinha fresca
- 3 colheres de sopa de óleo de gergelim, dividido
- 2 colheres de sopa de molho de soja light
- 1 colher de sopa de vinagre de arroz
- 2 colheres de chá de açúcar mascavo claro
- 1 colher de chá de sriracha
- 1 colher de chá de óleo de pimenta frita
- sal Kosher
- Pimenta branca moída
- 2 colheres de óleo vegetal
- 1 colher de sopa de gengibre fresco descascado finamente picado
- ½ cabeça de repolho verde, picado
- ½ pimentão vermelho, cortado em tiras finas
- ½ cebola roxa, cortada em tiras verticais finas
- 1 cenoura grande, descascada e cortada em juliana
- 2 dentes de alho, finamente picados
- 4 cebolinhas, em fatias finas

instruções:

a) Coloque uma panela com água para ferver e cozinhe o macarrão de acordo com as instruções da embalagem. Escorra, lave e misture com 2 colheres de sopa de óleo de gergelim. Deixou de lado.

b) Em uma tigela pequena, misture a soja light, vinagre de arroz, açúcar mascavo, sriracha, óleo de pimenta e uma pitada de sal e pimenta branca. Deixou de lado.

c) Aqueça uma wok em fogo médio-alto até que uma gota de água chie e evapore em contato. Despeje o óleo vegetal e agite para revestir a base do wok. Tempere o azeite adicionando o gengibre e uma pequena pitada de sal. Deixe o gengibre chiar no óleo por cerca de 10 segundos, girando suavemente.

d) Adicione o repolho, o pimentão, a cebola e a cenoura e refogue por 4 a 5 minutos, ou até que os legumes estejam macios e a cebola comece a caramelizar levemente. Adicione o alho e frite até ficar perfumado, cerca de 30 segundos a mais. Junte a mistura do molho e deixe ferver. Abaixe o fogo para médio e cozinhe o molho por 1 a 2 minutos. Adicione as cebolinhas e misture para combinar.

e) Adicione o macarrão e misture para combinar. Aumente o fogo para médio-alto e frite por 1 a 2 minutos para aquecer o macarrão. Transfira para uma travessa, regue com a 1 colher de sopa restante de óleo de gergelim e sirva quente.

25. Pad Veja Nós

Ingredientes:

- 2 colheres de chá de molho de soja escuro
- 2 colheres de chá de amido de milho
- 2 colheres de chá de molho de peixe, dividido
- ½ colher de chá de sal kosher
- Pimenta branca moída
- ¾ libra de bife de flanco ou pontas de lombo, cortadas ao longo do grão em fatias de ⅛ polegadas de espessura
- 2 colheres de sopa de molho de ostra
- 1 colher de sopa de molho de soja light
- ½ colher de chá de açúcar
- 1 ½ libras de macarrão de arroz largo fresco ou macarrão de arroz seco
- 5 colheres de sopa de óleo vegetal, dividido
- 4 dentes de alho, em fatias finas
- 1 maço de brócolis chinês (gai lan), caules cortados diagonalmente em pedaços de ½ polegada, folhas cortadas em pedaços pequenos
- 2 ovos grandes, batidos

instruções:

a) Em uma tigela, misture a soja escura, amido de milho, molho de peixe, sal e uma pitada de pimenta branca. Adicione as fatias de carne e misture para revestir. Reserve para marinar por 10 minutos.

b) Em outra tigela, misture o molho de ostra, soja light, 1 colher de chá restante de molho de peixe e açúcar. Deixou de lado.

c) Aqueça uma wok em fogo médio-alto até que uma gota de água chie e evapore em contato. Despeje 2 colheres de sopa de óleo e agite para revestir a base do wok. Com uma pinça, transfira a carne para a wok e reserve a marinada. Sele a carne contra a wok por 2 a 3 minutos, até que fique marrom e uma crosta tostada se desenvolva. Retorne a carne para a tigela da marinada e misture a mistura de molho de ostra.

d) Adicione mais 2 colheres de sopa de óleo e frite o alho por 30 segundos. Adicione os talos de brócolis chinês e frite por 45 segundos, mantendo tudo em movimento para evitar que o alho queime.

e) Empurre os talos de brócolis para os lados da wok, deixando o fundo da wok vazio. Adicione a 1 colher de sopa restante de óleo e mexa os ovos no poço, em seguida, misture-os.

f) Adicione o macarrão, o molho e a carne e mexa e vire rapidamente para combinar todos os ingredientes, fritando por mais 30 segundos. Adicione as folhas de brócolis e frite por mais 30 segundos, ou até que as folhas comecem a murchar. Volte para uma travessa e sirva imediatamente.

26. Chow-mein de frango

Ingredientes:
- ½ libra de macarrão de ovo estilo Hong Kong fresco e fino
- 1½ colheres de sopa de óleo de gergelim, dividido
- 2 colheres de chá de vinho de arroz Shaoxing
- 2 colheres de chá de molho de soja light
- Pimenta branca moída
- ½ libra de coxas de frango, cortadas em tiras finas
- ¼ xícara de caldo de galinha com baixo teor de sódio
- 2 colheres de chá de molho de soja escuro
- 2 colheres de chá de molho de ostra
- 2 colheres de chá de amido de milho
- 4 colheres de sopa de óleo vegetal, dividido
- 3 cabeças baby bok choy, cortadas em pedaços pequenos
- 2 dentes de alho, finamente picados
- 1 punhado grande (2 a 3 onças) de brotos de feijão mungo

instruções:
a) Coloque uma panela com água para ferver e cozinhe o macarrão de acordo com as instruções da embalagem. Reserve 1 xícara da água do cozimento e escorra o macarrão em uma peneira. Lave o macarrão com água fria e regue com

1 colher de sopa de óleo de gergelim. Atire para revestir e reserve.

b) Em uma tigela, misture o vinho de arroz, a soja light e uma pitada de pimenta branca. Misture os pedaços de frango para revestir e deixe marinar por 10 minutos. Em uma tigela pequena, misture o caldo de galinha, soja escura, ½ colher de sopa restante de óleo de gergelim, molho de ostra e amido de milho. Deixou de lado.

c) Aqueça uma wok em fogo médio-alto até que uma gota de água chie e evapore em contato. Despeje 3 colheres de sopa de óleo vegetal e agite para revestir a base do wok. Adicione o macarrão em uma camada e frite por 2 a 3 minutos, ou até dourar. Vire o macarrão com cuidado e frite do outro lado por mais 2 minutos, ou até que o macarrão esteja crocante e marrom, formando um bolo solto. Transfira para um prato forrado com papel toalha e reserve.

d) Adicione a 1 colher de sopa restante de óleo vegetal e frite o frango e a marinada por 2 a 3 minutos, até que o frango não esteja mais rosado e a marinada tenha evaporado. Adicione o bok choy e o alho, fritando até que os caules do bok choy estejam macios, cerca de mais um minuto.

e) Despeje o molho e misture para combinar com o frango e o bok choy.

f) Retorne o macarrão e, usando um movimento de escavação e levantamento, misture o macarrão com o frango e os legumes por cerca de 2 minutos, até ficar coberto com o molho. Se o macarrão parecer um pouco seco, adicione uma colher de sopa da água de cozimento reservada enquanto você joga. Adicione os brotos de feijão e frite, levantando e cavando por mais 1 minuto.

g) Transfira para uma travessa e sirva quente.

27. bife Lo Mein

Ingredientes:
- ½ libra de macarrão de ovo lo mein fresco, cozido
- 2 colheres de sopa de óleo de gergelim, dividido
- 2 colheres de sopa de vinho de arroz Shaoxing
- 2 colheres de sopa de amido de milho, dividido
- 2 colheres de sopa de molho de soja escuro
- Pimenta branca moída
- ½ libra de pontas de lombo de vaca, cortadas ao longo do grão em tiras finas
- 3 colheres de sopa de óleo vegetal, dividido
- 2 fatias de gengibre fresco descascadas, cada uma do tamanho de um quarto
- sal Kosher
- ½ pimentão vermelho, cortado em tiras finas
- 1 xícara de ervilhas, cordas removidas
- 2 dentes de alho, finamente picados
- 2 xícaras de broto de feijão mungo

instruções:
a) Regue o macarrão com 1 colher de sopa de óleo de gergelim e misture. Deixou de lado.

b) Em uma tigela, misture o vinho de arroz, 2 colheres de chá de amido de milho, soja escura e uma pitada generosa de pimenta branca. Adicione a carne e misture para revestir. Reserve por 10 minutos para marinar.

c) Aqueça uma wok em fogo médio-alto até que uma gota de água chie e evapore em contato. Despeje o óleo vegetal e agite para revestir a base do wok. Tempere o azeite adicionando o gengibre e uma pequena pitada de sal. Deixe o gengibre chiar no óleo por cerca de 30 segundos, girando suavemente. Adicione a carne, reservando a marinada, e sele contra a wok por 2 a 3 minutos. Misture e vire a carne, fritando por mais 1 minuto, ou até não ficar mais rosada. Transfira para uma tigela e reserve.

d) Adicione a 1 colher de sopa restante de óleo vegetal e frite o pimentão, mexendo e virando por 2 a 3 minutos, até ficar macio. Adicione as ervilhas e o alho, refogando por mais um minuto, ou até que o alho fique perfumado.

e) Empurre todos os ingredientes para os lados da wok e despeje o óleo de gergelim restante, a marinada reservada, o amido de milho restante e a água do cozimento. Misture e leve ao fogo. Retorne a carne ao wok e misture para combinar com os legumes por 1 a 2 minutos.

f) Misture o macarrão lo mein com a carne e os legumes até que o macarrão esteja coberto com o molho. Adicione os brotos de feijão e misture. Retire e descarte o gengibre. Transfira para uma travessa e sirva.

28. Macarrão Dan Dan

Ingredientes:

- ¾ libra de macarrão de trigo fino
- 4 onças de carne de porco moída
- 4 colheres de sopa de óleo vegetal, dividido
- 2 colheres de sopa de vinho de arroz Shaoxing, dividido
- sal Kosher
- ¼ xícara de molho de soja light
- 2 colheres de sopa de manteiga de amendoim suave
- 1 colher de sopa de vinagre preto
- 3 dentes de alho, finamente picados
- 2 colheres de chá de açúcar mascavo claro
- 1 colher de chá de pimenta de Sichuan, torrada e moída
- 1 pedaço de gengibre fresco de 1 polegada, descascado e finamente picado
- 1 colher de sopa de feijão preto fermentado, lavado e picado
- 2 cabeças pequenas bok choy, picadas grosseiramente
- 2 colheres de sopa de óleo de pimenta frita
- ½ xícara de amendoim torrado bem picado

instruções:

a) Leve uma panela grande de água para ferver e cozinhe o macarrão de acordo com as instruções da embalagem. Escorra e lave com água fria e reserve. Encha a panela com água fresca e leve para ferver no fogão.

b) Em uma tigela, misture a carne de porco com 1 colher de sopa de óleo vegetal, 1 colher de sopa de vinho de arroz e uma pitada de sal. Reserve para marinar por 10 minutos.

c) Em uma tigela pequena, misture a 1 colher de sopa restante de vinho de arroz, soja light, manteiga de amendoim, vinagre preto, alho, açúcar mascavo, pimenta de Sichuan, gengibre e feijão preto. Deixou de lado.

d) Aqueça uma wok em fogo médio-alto até que uma gota de água chie e evapore em contato. Despeje 2 colheres de sopa de óleo vegetal e agite para revestir a base do wok. Adicione a carne de porco e frite por 4 a 6 minutos, até dourar e levemente crocante. Despeje a mistura de molho e misture, fervendo por 1 minuto. Transfira para uma tigela limpa e reserve.

e) Limpe o wok e adicione a 1 colher de sopa restante de óleo vegetal. Frite rapidamente o bok choy por 1 a 2 minutos, até murchar e ficar macio. Adicione à tigela de carne de porco e misture.

f) Para montar, mergulhe o macarrão na água fervente por 30 segundos para reaquecer. Escorra e divida-os entre 4 tigelas fundas.

29. Beef Chow Divertido

Ingredientes:
- ¼ xícara de vinho de arroz Shaoxing
- ¼ xícara de molho de soja light
- 2 colheres de amido de milho
- 1½ colheres de sopa de molho de soja escuro
- 1½ colheres de sopa de molho de soja escuro
- ½ colher de chá de açúcar
- ¾ libra bife de flanco ou pontas de lombo, cortadas em fatias
- 1 ½ quilo de macarrão de arroz largo fresco, cozido
- 2 colheres de sopa de óleo de gergelim, dividido
- 3 colheres de sopa de óleo vegetal, dividido
- 4 fatias de gengibre fresco descascado
- 8 cebolinhas, cortadas ao meio longitudinalmente e cortadas em pedaços de 3 polegadas
- 2 xícaras de broto de feijão mungo fresco

instruções:
a) Em uma tigela, misture o vinho de arroz, soja clara, amido de milho, soja escura, açúcar e uma pitada de pimenta branca. Adicione a carne e misture para revestir. Reserve para marinar por pelo menos 10 minutos.

b) Aqueça uma wok em fogo médio-alto até que uma gota de água chie e evapore em contato. Despeje 2 colheres de sopa de óleo vegetal e agite para revestir a base do wok. Tempere o azeite adicionando o gengibre e uma pitada de sal. Deixe o gengibre chiar no óleo por cerca de 30 segundos, girando suavemente.

c) Usando pinças, adicione a carne ao wok e reserve o líquido da marinada. Sele a carne contra a wok por 2 a 3 minutos, ou até que uma crosta dourada se desenvolva. Misture e vire a carne ao redor do wok por mais 1 minuto. Transfira para uma tigela limpa e reserve.

d) Adicione mais 1 colher de sopa de óleo vegetal e frite as cebolinhas por 30 segundos, ou até ficarem macias. Adicione o macarrão e levante em um movimento para cima para ajudar a separar o macarrão se estiver grudado. Adicione a água do cozimento, 1 colher de sopa de cada vez, se o macarrão estiver realmente grudado.

e) Retorne a carne para a wok e misture para combinar com o macarrão. Despeje a marinada reservada e misture por 30 segundos a 1 minuto, ou até que o molho engrosse e cubra o macarrão e ele fique com uma cor marrom profunda e rica. Se precisar, adicione 1 colher de sopa da água do cozimento reservada para diluir o molho. Adicione os brotos de feijão e misture até aquecer, cerca de 1 minuto. Retire o gengibre e descarte.

f) Transfira para uma travessa e regue com a 1 colher de sopa restante de óleo de gergelim. Servir quente.

30. Camarão Sal e Pimenta

Ingredientes:

- 1 colher de sopa de sal kosher
- 1 ½ colheres de chá de pimenta de Sichuan
- 1¼ libras de camarão grande (U31-35), descascado e limpo, caudas deixadas
- ½ xícara de óleo vegetal
- 1 xícara de amido de milho
- 4 cebolinhas, cortadas na diagonal
- 1 pimenta jalapeño, cortada ao meio e sem sementes, em fatias finas
- 6 dentes de alho, em fatias finas

instruções:

a) Em uma panela pequena ou frigideira em fogo médio, toste o sal e a pimenta até ficarem aromáticos, sacudindo e mexendo com frequência para não queimar. Transfira para uma tigela para esfriar completamente. Moa o sal e a pimenta em um moedor de especiarias ou com um almofariz e pilão. Transfira para uma tigela e reserve.

b) Seque o camarão com uma toalha de papel.

c) Em uma wok, aqueça o óleo em fogo médio-alto a 375 ° F, ou até borbulhar e chiar na ponta de uma colher de pau.

d) Coloque o amido de milho em uma tigela grande. Pouco antes de estar pronto para fritar o camarão, jogue metade do camarão para revestir o amido de milho e sacuda o excesso de amido de milho.

e) Frite os camarões por 1 a 2 minutos, até ficarem rosados. Usando uma escumadeira wok, transfira o camarão frito para uma grade sobre uma assadeira para escorrer. Repita o processo com os camarões restantes, passando no amido de milho, fritando e transferindo para a grelha para escorrer.

f) Depois que todos os camarões estiverem cozidos, remova cuidadosamente todos, exceto 2 colheres de sopa de óleo, e retorne a wok ao fogo médio. Adicione a cebolinha, o jalapeño e o alho e refogue até que a cebolinha e o jalapeño fiquem verdes brilhantes e o alho fique aromático. Devolva o camarão ao wok, tempere a gosto com a mistura de sal e pimenta (você pode não usar tudo) e misture bem. Transfira os camarões para uma travessa e sirva quente.

31. camarão bêbado

PORÇÕES 4

Ingredientes:

- 2 xícaras de vinho de arroz Shaoxing
- 4 fatias de gengibre fresco descascadas, cada uma do tamanho de um quarto
- 2 colheres de sopa de bagas de goji secas (opcional)
- 2 colheres de açúcar
- Camarão jumbo de 1 libra (U21-25), descascado e limpo, caudas deixadas
- 2 colheres de óleo vegetal
- sal Kosher
- 2 colheres de chá de amido de milho

instruções:

a) Em uma tigela grande, misture o vinho de arroz, gengibre, bagas de goji (se estiver usando) e açúcar até que o açúcar esteja dissolvido. Adicione o camarão e tampe. Deixe marinar na geladeira por 20 a 30 minutos.

b) Despeje o camarão e a marinada em uma peneira sobre uma tigela. Reserve ½ xícara da marinada e descarte o restante.

c) Aqueça uma wok em fogo médio-alto até que uma gota de água chie e evapore em contato. Despeje o óleo e agite para revestir a base do wok. Tempere o óleo adicionando uma pequena pitada de sal e mexa delicadamente.

d) Adicione o camarão e frite vigorosamente, adicionando uma pitada de sal enquanto vira e joga o camarão na wok. Continue mexendo os camarões por cerca de 3 minutos, até que fiquem rosados.

e) Misture o amido de milho na marinada reservada e despeje sobre o camarão. Misture os camarões e regue com a marinada. Ele vai engrossar em um molho brilhante quando começar a ferver, cerca de mais 5 minutos.

f) Transfira o camarão e as bagas de goji para uma travessa, descarte o gengibre e sirva quente.

32. Camarão Noz

Ingredientes:

- Spray de óleo vegetal antiaderente
- Camarão jumbo de 1 libra (U21-25), descascado
- 25 a 30 metades de nozes
- 3 xícaras de óleo vegetal, para fritar
- 2 colheres de açúcar
- 2 colheres de água
- ¼ xícara de maionese
- 3 colheres de sopa de leite condensado
- ¼ colher de chá de vinagre de arroz
- sal Kosher
- ⅓ xícara de amido de milho

instruções:

a) Forre uma assadeira com papel manteiga e pulverize levemente com spray de cozinha. Deixou de lado.

b) Borboleta o camarão segurando-o em uma tábua de corte com o lado curvado para baixo. Começando pela área da cabeça, insira a ponta de uma faca três quartos no camarão. Faça uma fatia no centro das costas do camarão até a cauda. Não corte todo o camarão e não corte na área da cauda. Abra o camarão como um livro e espalhe-o. Limpe a veia (o trato digestivo do camarão) se estiver visível e lave o camarão em água fria, depois seque com uma toalha de papel. Deixou de lado.

c) Em uma wok, aqueça o óleo em fogo médio-alto a 375 ° F, ou até borbulhar e chiar na ponta de uma colher de pau. Frite as nozes até dourar, 3 a 4 minutos e, usando uma escumadeira wok, transfira as nozes para um prato forrado com papel toalha. Reserve e desligue o fogo.

d) Em uma panela pequena, misture o açúcar e a água e leve ao fogo médio-alto, mexendo ocasionalmente, até que o açúcar se dissolva. Abaixe o fogo para médio e cozinhe para reduzir a calda por 5 minutos, ou até que a calda fique espessa e brilhante. Adicione as nozes e misture para cobri-las completamente com a calda. Transfira as nozes para a assadeira preparada e reserve para esfriar. O açúcar deve endurecer ao redor das nozes e formar uma casca cristalizada.

e) Em uma tigela pequena, misture a maionese, o leite condensado, o vinagre de arroz e uma pitada de sal. Deixou de lado.

f) Traga o óleo wok de volta para 375 ° F em fogo médio-alto. Enquanto o óleo esquenta, tempere os camarões levemente com uma pitada de sal. Em uma tigela, misture o camarão com o amido de milho até ficar bem revestido. Trabalhando em pequenos lotes, retire o excesso de amido de milho dos camarões e frite no óleo, mexendo-os rapidamente no óleo para que não grudem. Frite o camarão por 2 a 3 minutos até dourar.

g) Transfira para uma tigela limpa e regue o molho por cima. Dobre delicadamente até que os camarões estejam uniformemente revestidos. Disponha os camarões em uma travessa e decore com as nozes cristalizadas. Servir quente.

33. Vieiras aveludadas

Ingredientes:

- 1 clara de ovo grande
- 2 colheres de amido de milho
- 2 colheres de sopa de vinho de arroz Shaoxing, dividido
- 1 colher de chá de sal kosher, dividida
- 1 libra de vieiras frescas, lavadas, retiradas do músculo e secas
- 3 colheres de sopa de óleo vegetal, dividido
- 1 colher de sopa de molho de soja light
- $\frac{1}{4}$ xícara de suco de laranja espremido na hora
- Raspas de 1 laranja
- Flocos de pimenta vermelha (opcional)
- 2 cebolinhas, apenas a parte verde, em fatias finas, para guarnecer

instruções:

a) Em uma tigela grande, misture a clara de ovo, amido de milho, 1 colher de sopa de vinho de arroz e $\frac{1}{2}$ colher de chá de sal e mexa com um pequeno batedor até que o amido de milho se dissolva completamente e não fique mais grumoso. Misture as vieiras e leve à geladeira por 30 minutos.

b) Retire as vieiras da geladeira. Leve uma panela de tamanho médio com água para ferver. Adicione 1 colher de sopa de óleo vegetal e reduza para ferver. Adicione as vieiras à água fervente e cozinhe por 15 a 20 segundos, mexendo continuamente até que as vieiras fiquem opacas (as vieiras não ficarão completamente cozidas). Usando uma escumadeira wok, transfira as vieiras para uma assadeira forrada com papel toalha e seque com papel toalha.

c) Em um copo medidor de vidro, misture a 1 colher de sopa restante de vinho de arroz, soja light, suco de laranja, raspas de laranja e uma pitada de flocos de pimenta vermelha (se estiver usando) e reserve.

d) Aqueça uma wok em fogo médio-alto até que uma gota de água chie e evapore em contato. Despeje as 2 colheres de sopa restantes de óleo e agite para revestir a base do wok. Tempere o óleo adicionando a $\frac{1}{2}$ colher de chá restante de sal.

e) Adicione as vieiras aveludadas ao wok e agite no molho. Frite as vieiras até que estejam cozidas, cerca de 1 minuto. Transfira para uma travessa e decore com a cebolinha.

34. Frutos do mar e legumes salteados com macarrão

Ingredientes:

- 1 xícara de óleo vegetal, dividido
- 3 fatias de gengibre fresco descascado
- sal Kosher
- 1 pimentão vermelho, cortado em pedaços de 1 polegada
- 1 cebola branca pequena, cortada em tiras verticais longas e finas
- 1 punhado grande de ervilhas, cordas removidas
- 2 dentes de alho grandes, finamente picados
- $\frac{1}{2}$ libra de camarão ou peixe, cortado em pedaços de 1 polegada
- 1 colher de sopa de molho de feijão preto
- $\frac{1}{2}$ libra de macarrão de arroz aletria seco ou macarrão de fio de feijão

instruções:

a) Aqueça uma wok em fogo médio-alto até que uma gota de água chie e evapore em contato. Despeje 2 colheres de sopa de óleo e agite para revestir a base do wok. Tempere o azeite adicionando as fatias de gengibre e uma pequena pitada de sal. Deixe o gengibre chiar no óleo por cerca de 30 segundos, girando suavemente.

b) Adicione o pimentão e a cebola e frite rapidamente jogando e virando-os no wok usando uma espátula wok.

c) Tempere levemente com sal e continue a fritar por 4 a 6 minutos, até que a cebola fique macia e translúcida. Adicione as ervilhas e o alho, mexendo e virando até que o alho fique perfumado, cerca de mais um minuto. Transfira os legumes para um prato.

d) Aqueça mais 1 colher de sopa de óleo e adicione o camarão ou peixe. Misture delicadamente e tempere levemente com uma pequena pitada de sal. Frite por 3 a 4 minutos, ou até que os camarões fiquem rosados ou o peixe comece a descamar. Retorne os legumes e misture tudo por mais 1 minuto. Descarte o gengibre e transfira os camarões para uma travessa. Barraca com papel alumínio para manter aquecido.

e) Limpe o wok e volte ao fogo médio-alto. Despeje o óleo restante (cerca de $\frac{3}{4}$ xícara) e aqueça a 375 ° F, ou até borbulhar e chiar na ponta de uma colher de pau. Assim que o óleo estiver na temperatura, adicione o macarrão seco. Eles imediatamente começarão a soprar e subir do óleo. Usando pinças, vire a nuvem de macarrão se precisar fritar a parte superior e retire cuidadosamente do óleo e transfira para um prato forrado com papel toalha para escorrer e esfriar.

f) Delicadamente, quebre o macarrão em pedaços menores e espalhe sobre os legumes salteados e os camarões. Servir

35. Caranguejo de coco

Ingredientes:

- 2 colheres de óleo vegetal
- 2 fatias de gengibre fresco descascado, do tamanho de um quarto
- sal Kosher
- 1 chalota, em fatias finas
- 1 colher de sopa de caril em pó
- 1 (13,5 onças) pode leite de coco
- $\frac{1}{4}$ colher de chá de açúcar
- 1 colher de sopa de vinho de arroz Shaoxing
- 1 libra de carne de caranguejo enlatada, escorrida e colhida para remover pedaços de casca
- Pimenta preta moída na hora
- $\frac{1}{4}$ xícara de coentro fresco picado ou salsa de folhas planas, para guarnecer
- Arroz cozido, para servir

instruções:

a) Aqueça uma wok em fogo médio-alto até que uma gota de água chie e evapore em contato. Despeje o óleo e agite para revestir a base do wok. Tempere o azeite adicionando as rodelas de gengibre e uma pitada de sal. Deixe o gengibre chiar no óleo por cerca de 30 segundos, girando suavemente.

b) Adicione a cebola e refogue por cerca de 10 segundos. Adicione o curry em pó e mexa até perfumar por mais 10 segundos.

c) Junte o leite de coco, o açúcar e o vinho de arroz, tampe a wok e cozinhe por 5 minutos.

d) Misture o caranguejo, cubra com a tampa e cozinhe até aquecer, cerca de 5 minutos. Retire a tampa, ajuste o tempero com sal e pimenta e descarte o gengibre. Coloque por cima de uma tigela de arroz e decore com coentro picado.

36. Lula de pimenta preta frita

Ingredientes:

- 3 xícaras de óleo vegetal
- Tubos e tentáculos de lula de 1 libra, limpos e tubos cortados em ⅓ anéis de polegadas
- ½ xícara de farinha de arroz
- sal Kosher
- ¼ colher de chá de pimenta preta moída na hora
- ¾ xícara de água com gás, mantida gelada
- 2 colheres de sopa de coentro fresco picado grosseiramente

instruções:

a) Despeje o óleo na wok; o óleo deve ser de cerca de 1 a 1 ½ polegadas de profundidade. Leve o óleo a 375 ° F em fogo médio-alto. Você pode dizer que o óleo está na temperatura certa quando o óleo borbulha e chia na ponta de uma colher de pau quando ela é mergulhada. Seque a lula com papel toalha.

b) Enquanto isso, em uma tigela rasa, misture a farinha de arroz com uma pitada de sal e a pimenta. Bata em água com gás apenas o suficiente para formar uma massa fina. Dobre as lulas e, trabalhando em lotes, levante a lula da massa usando uma escumadeira ou escumadeira, sacudindo o excesso. Abaixe com cuidado no óleo quente.

c) Cozinhe a lula por cerca de 3 minutos, até dourar e ficar crocante. Usando uma escumadeira wok, retire a lula do óleo e transfira para um prato forrado com papel toalha e tempere levemente com sal. Repita com a lula restante.

d) Transfira a lula para uma travessa e decore com o coentro. Servir quente.

37. Ostras fritas com confete de pimenta e alho

Ingredientes:

- 1 (16 onças) recipiente pequena ostras descascadas
- ½ xícara de farinha de arroz
- ½ xícara de farinha de trigo, dividida
- ½ colher de chá de fermento em pó
- sal Kosher
- Pimenta branca moída
- ¼ colher de chá de cebola em pó
- ¾ xícara de água com gás, gelada
- 1 colher de chá de óleo de gergelim
- 3 xícaras de óleo vegetal
- 3 dentes de alho grandes, em fatias finas
- 1 malagueta vermelha pequena, finamente picada
- 1 malagueta verde pequena, finamente picada
- 1 cebolinha, em fatias finas

instruções:

a) Em uma tigela, misture a farinha de arroz, ¼ xícara de farinha de trigo, fermento em pó, uma pitada de sal e pimenta branca e cebola em pó. Adicione a água com gás e o óleo de gergelim, misture até ficar homogêneo e reserve.

b) Em uma wok, aqueça o óleo vegetal em fogo médio-alto a 375 ° F, ou até borbulhar e chiar na ponta de uma colher de pau.

c) Seque as ostras com uma toalha de papel e passe no restante ¼ xícara de farinha de trigo. Mergulhe as ostras uma de cada vez na massa de farinha de arroz e abaixe cuidadosamente no óleo quente.

d) Frite as ostras por 3 a 4 minutos, ou até dourar. Transfira para uma grade de resfriamento de arame montada sobre uma assadeira para escorrer. Polvilhe levemente com sal.

e) Retorne a temperatura do óleo para 375 ° F e frite o alho e os pimentões brevemente até ficarem crocantes, mas ainda coloridos, cerca de 45 segundos. Com uma escumadeira, retire do óleo e coloque em um prato forrado com papel toalha.

f) Disponha as ostras em uma travessa e polvilhe o alho e a pimenta. Decore com a cebolinha fatiada e sirva imediatamente.

38. Frango Kung Pao

Ingredientes:

- 3 colheres de chá de molho de soja light
- 2½ colheres de chá de amido de milho
- 2 colheres de chá de vinagre preto chinês
- 1 colher de chá de vinho de arroz Shaoxing
- 1 colher de chá de óleo de gergelim
- ¾ libra desossada, sem pele, coxas de frango, cortadas em 1 polegada
- 2 colheres de óleo vegetal
- 6 a 8 pimentões vermelhos secos inteiros
- 3 cebolinhas, partes brancas e verdes separadas, em fatias finas
- 2 dentes de alho, picados
- 1 colher de chá de gengibre fresco picado
- ¼ xícara de amendoim torrado seco sem sal

instruções:

a) Em uma tigela média, misture a soja light, o amido de milho, o vinagre preto, o vinho de arroz e o óleo de gergelim até que o amido de milho esteja dissolvido. Adicione o frango e mexa delicadamente para cobrir. Marinar por 10 a 15 minutos, ou tempo suficiente para preparar o restante dos ingredientes.

b) Aqueça uma wok em fogo médio-alto até que uma gota de água chie e evapore em contato. Despeje o óleo vegetal e agite para revestir a base do wok.

c) Adicione os pimentões e frite por cerca de 10 segundos, ou até que comecem a escurecer e o óleo esteja levemente perfumado.

d) Adicione o frango, reservando a marinada, e frite por 3 a 4 minutos, até não ficar mais rosado.

e) Acrescente as claras de cebolinha, alho e gengibre e frite por cerca de 30 segundos. Despeje a marinada e misture para cobrir o frango. Acrescente os amendoins e cozinhe por mais 2 a 3 minutos, até que o molho fique brilhante.

f) Transfira para um prato de servir, decore com a cebolinha e sirva quente.

39. Frango com Brócolis

Ingredientes:

- 1 colher de sopa de vinho de arroz Shaoxing
- 2 colheres de chá de molho de soja light
- 1 colher de chá de alho picado
- 1 colher de chá de amido de milho
- ¼ colher de chá de açúcar
- ¾ libra de coxas de frango desossadas e sem pele, cortadas em pedaços de 2 polegadas
- 2 colheres de óleo vegetal
- 4 fatias de gengibre fresco descascado, do tamanho de um quarto
- sal Kosher
- 1 libra de brócolis, cortado em floretes do tamanho da mordida
- 2 colheres de água
- Flocos de pimenta vermelha (opcional)
- ¼ xícara de molho de feijão preto ou molho de feijão preto comprado em loja

instruções:

a) Em uma tigela pequena, misture o vinho de arroz, soja light, alho, amido de milho e açúcar. Adicione o frango e deixe marinar por 10 minutos.

b) Aqueça uma wok em fogo médio-alto até que uma gota de água chie e evapore em contato. Despeje o óleo vegetal e agite para revestir a base do wok. Adicione o gengibre e uma pitada de sal. Deixe o gengibre chiar por cerca de 30 segundos, girando suavemente.

c) Transfira o frango para a wok, descartando a marinada. Frite o frango por 4 a 5 minutos, até não ficar mais rosado. Adicione o brócolis, água e uma pitada de flocos de pimenta vermelha (se estiver usando) e frite por 1 minuto. Cubra a wok e cozinhe o brócolis no vapor por 6 a 8 minutos, até ficar crocante e macio.

d) Misture o molho de feijão preto até ficar coberto e aquecido, cerca de 2 minutos, ou até o molho engrossar um pouco e ficar brilhante.

e) Descarte o gengibre, transfira para uma travessa e sirva quente.

40. Frango com raspas de tangerina

Ingredientes:

- 3 claras de ovo grandes
- 2 colheres de amido de milho
- $1\frac{1}{2}$ colheres de sopa de molho de soja light, dividido
- $\frac{1}{4}$ colher de chá de pimenta branca moída
- $\frac{3}{4}$ libra de coxas de frango desossadas e sem pele, cortadas em pedaços pequenos
- 3 xícaras de óleo vegetal
- 4 fatias de gengibre fresco descascadas, cada uma do tamanho de um quarto
- 1 colher de chá de pimenta Sichuan, ligeiramente rachada
- sal Kosher
- $\frac{1}{2}$ cebola amarela, cortada em tiras de $\frac{1}{4}$ de polegada de largura
- Casca de 1 tangerina, cortada em tiras de $\frac{1}{8}$ polegadas de espessura
- Suco de 2 tangerinas (cerca de $\frac{1}{2}$ xícara)
- 2 colheres de chá de óleo de gergelim
- $\frac{1}{2}$ colher de chá de vinagre de arroz
- Açúcar mascavo claro

- 2 cebolinhas em fatias finas para decorar
- 1 colher de sopa de sementes de gergelim, para decorar

instruções:

a) Em uma tigela, usando um garfo ou batedor, bata as claras até ficarem espumosas e até que os aglomerados mais apertados fiquem espumosos. Misture o amido de milho, 2 colheres de chá de soja light e pimenta branca até ficar bem misturado. Dobre o frango e deixe marinar por 10 minutos.

b) Despeje o óleo na wok; o óleo deve ser de cerca de 1 a 1 ½ polegadas de profundidade. Leve o óleo a 375 °F em fogo médio-alto. Você pode dizer que o óleo está na temperatura certa quando mergulha a ponta de uma colher de pau no óleo. Se o óleo borbulhar e chiar ao redor, o óleo está pronto.

c) Usando uma escumadeira ou escumadeira wok, retire o frango da marinada e sacuda o excesso. Abaixe com cuidado no óleo quente. Frite o frango em lotes por 3 a 4 minutos, ou até que o frango esteja dourado e crocante na superfície. Transfira para um prato forrado com papel toalha.

d) Despeje tudo, exceto 1 colher de sopa de óleo do wok e coloque-o em fogo médio-alto. Agite o óleo para revestir a base do wok. Tempere o azeite adicionando o gengibre, a pimenta e uma pitada de sal. Deixe o gengibre e a pimenta chiarem no óleo por cerca de 30 segundos, girando suavemente.

e) Adicione a cebola e refogue, mexendo e virando com uma espátula wok por 2 a 3 minutos, ou até que a cebola fique macia e translúcida. Adicione a casca de tangerina e frite por mais um minuto, ou até perfumar.

f) Adicione o suco de tangerina, óleo de gergelim, vinagre e uma pitada de açúcar mascavo. Leve o molho para ferver e cozinhe por cerca de 6 minutos, até reduzir pela metade. Deve ser xaroposo e muito picante. Prove e acrescente uma pitada de sal, se necessário.

g) Desligue o fogo e adicione o frango frito, mexendo para revestir com o molho. Transfira o frango para uma travessa, descarte o gengibre e decore com a cebolinha fatiada e as sementes de gergelim. Servir quente.

41. Frango com caju

PORÇÕES 4 A 6

Ingredientes:

- 1 colher de sopa de molho de soja light
- 2 colheres de chá de vinho de arroz Shaoxing
- 2 colheres de chá de amido de milho
- 1 colher de chá de óleo de gergelim
- $\frac{1}{2}$ colher de chá de pimenta Sichuan moída
- $\frac{3}{4}$ libra desossada, sem pele, coxas de frango, cortadas em cubos de 1 polegada
- 2 colheres de óleo vegetal
- Pedaço de $\frac{1}{2}$ polegada de gengibre fresco picado finamente
- sal Kosher
- $\frac{1}{2}$ pimentão vermelho, cortado em pedaços de $\frac{1}{2}$ polegada
- 1 abobrinha pequena, cortada em pedaços de $\frac{1}{2}$ polegada
- 2 dentes de alho, picados
- $\frac{1}{2}$ xícara de castanha de caju torrada sem sal
- 2 cebolinhas, partes brancas e verdes separadas, em fatias finas

instruções:

a) Em uma tigela média, misture a soja light, o vinho de arroz, o amido de milho, o óleo de gergelim e a pimenta de Sichuan. Adicione o frango e mexa delicadamente para cobrir. Deixe marinar por 15 minutos, ou tempo suficiente para preparar o restante dos Ingredientes.

b) Aqueça uma wok em fogo médio-alto até que uma gota de água chie e evapore em contato. Despeje o óleo vegetal e agite para revestir a base do wok. Tempere o azeite adicionando o gengibre e uma pitada de sal. Deixe o gengibre chiar no óleo por cerca de 30 segundos, girando suavemente.

c) Com uma pinça, retire o frango da marinada e transfira para a wok, reservando a marinada. Frite o frango por 4 a 5 minutos, até não ficar mais rosado. Adicione o pimentão vermelho, a abobrinha e o alho e frite por 2 a 3 minutos, ou até que os legumes estejam macios.

d) Despeje a marinada e misture para revestir os outros ingredientes. Deixe a marinada ferver e continue a fritar por 1 a 2 minutos, até que o molho fique espesso e brilhante. Junte as castanhas e cozinhe por mais um minuto.

e) Transfira para um prato de servir, decore com a cebolinha e sirva quente.

42. Frango aveludado e ervilhas

Ingredientes:

- 2 claras de ovo grandes
- 2 colheres de sopa de amido de milho, mais 1 colher de chá
- ¾ libra de peito de frango desossado e sem pele
- 3½ colheres de sopa de óleo vegetal, dividido
- ⅓ xícara de caldo de galinha com baixo teor de sódio
- 1 colher de sopa de vinho de arroz Shaoxing
- sal Kosher
- Pimenta branca moída
- 4 fatias de gengibre fresco descascado
- 1 lata (4 onças) de brotos de bambu fatiados, lavados e escorridos
- 3 dentes de alho, picados
- ¾ libra de ervilhas de neve ou ervilhas de açúcar, cordas removidas

instruções:

a) Em uma tigela, usando um garfo ou batedor, bata as claras até ficarem espumosas e os pedaços mais apertados de clara de ovo ficarem espumosos. Misture as 2 colheres de sopa de amido de milho até ficar bem misturado e não mais grumoso.

Dobre o frango e 1 colher de sopa de óleo vegetal e deixe marinar.

b) Em uma tigela pequena, misture o caldo de galinha, vinho de arroz e 1 colher de chá restante de amido de milho e tempere com uma pitada de sal e pimenta branca. Deixou de lado.

c) Leve uma panela média cheia de água para ferver em fogo alto. Adicione ½ colher de sopa de óleo e reduza o fogo para ferver. Usando uma escumadeira wok ou escumadeira para permitir que a marinada escorra, transfira o frango para a água fervente. Dê uma mexida no frango para que os pedaços não grudem. Cozinhe por 40 a 50 segundos, até que o frango esteja branco por fora, mas não cozido. Escorra o frango em uma peneira e sacuda o excesso de água. Descarte a água fervente.

d) Aqueça uma wok em fogo médio-alto até que uma gota de água chie e evapore em contato. Despeje as 2 colheres de sopa restantes de óleo e agite para revestir a base do wok. Tempere o azeite adicionando as fatias de gengibre e o sal. Deixe o gengibre chiar no óleo por cerca de 30 segundos, girando suavemente.

e) Adicione os brotos de bambu e alho e, usando uma espátula wok, misture para revestir com óleo e cozinhe até perfumar, cerca de 30 segundos. Adicione as ervilhas e frite por cerca de 2 minutos até ficarem verdes e crocantes. Adicione o frango ao wok e misture a mistura de molho. Atire para cobrir e continue cozinhando por 1 a 2 minutos.

f) Transfira para uma travessa e descarte o gengibre. Servir quente.

43. Frango e legumes com molho de feijão preto

Ingredientes:

- 1 colher de sopa de molho de soja light
- 1 colher de chá de óleo de gergelim
- 1 colher de chá de amido de milho
- ¾ libra de coxas de frango desossadas e sem pele, cortadas em pedaços pequenos
- 3 colheres de sopa de óleo vegetal, dividido
- 1 fatia de gengibre fresco descascado, do tamanho de um quarto
- sal Kosher
- 1 cebola amarela pequena, cortada em pedaços pequenos
- ½ pimentão vermelho, cortado em pedaços pequenos
- ½ pimentão amarelo ou verde, cortado em pedaços pequenos
- 3 dentes de alho, picados
- ⅓ xícara de molho de feijão preto ou molho de feijão preto comprado em loja

instruções:

a) Em uma tigela grande, misture a soja light, o óleo de gergelim e o amido de milho até que o amido de milho se dissolva. Adicione o frango e misture para revestir na marinada. Reserve o frango para marinar por 10 minutos.

b) Aqueça uma wok em fogo médio-alto até que uma gota de água chie e evapore em contato. Despeje 2 colheres de sopa de óleo vegetal e agite para revestir a base do wok. Tempere o azeite adicionando o gengibre e uma pitada de sal. Deixe o gengibre chiar no óleo por cerca de 30 segundos, girando suavemente.

c) Transfira o frango para a wok e descarte a marinada. Deixe as peças dourar na wok por 2 a 3 minutos. Vire para dourar do outro lado por mais 1 a 2 minutos. Frite mexendo e virando na wok rapidamente por mais 1 minuto. Transfira para uma tigela limpa.

d) Adicione a 1 colher de sopa restante de óleo e misture a cebola e o pimentão. Frite rapidamente por 2 a 3 minutos, mexendo e virando os legumes com uma espátula wok até que a cebola fique translúcida, mas ainda firme na textura. Adicione o alho e refogue por mais 30 segundos.

e) Retorne o frango para a wok e adicione o molho de feijão preto. Mexa e vire até que o frango e os legumes estejam cobertos.

f) Transfira para uma travessa, descarte o gengibre e sirva quente.

44. Frango com Feijão Verde

Ingredientes:

- ¾ libra de coxas de frango desossadas e sem pele, cortadas ao longo do grão em tiras pequenas
- 3 colheres de sopa de vinho de arroz Shaoxing, dividido
- 2 colheres de chá de amido de milho
- sal Kosher
- flocos de pimenta vermelha
- 3 colheres de sopa de óleo vegetal, dividido
- 4 fatias de gengibre fresco descascadas, cada uma do tamanho de um quarto
- ¾ libra de feijão verde, aparado e cortado ao meio na diagonal
- 2 colheres de sopa de molho de soja light
- 1 colher de sopa de vinagre de arroz temperado
- ¼ xícara de amêndoas laminadas, torradas
- 2 colheres de chá de óleo de gergelim

instruções:

a) Em uma tigela, misture o frango com 1 colher de sopa de vinho de arroz, amido de milho, uma pequena pitada de sal e uma pitada de flocos de pimenta vermelha. Mexa para cobrir uniformemente o frango. Marinar por 10 minutos.

b) Aqueça uma wok em fogo médio-alto até que uma gota de água chie e evapore em contato. Despeje 2 colheres de sopa de óleo vegetal e agite para revestir a base do wok. Tempere o azeite adicionando o gengibre e uma pequena pitada de sal. Deixe o gengibre chiar no óleo por cerca de 30 segundos, girando suavemente.

c) Adicione o frango e a marinada ao wok e frite por 3 a 4 minutos, ou até que o frango esteja levemente dourado e não mais rosado. Transfira para uma tigela limpa e reserve.

d) Adicione a 1 colher de sopa restante de óleo vegetal e frite o feijão verde por 2 a 3 minutos, ou até que fique verde brilhante. Retorne o frango para a wok e misture. Adicione as 2 colheres restantes de vinho de arroz, soja light e vinagre. Misture e cubra e deixe o feijão verde ferver por mais 3 minutos, ou até que o feijão verde esteja macio. Retire o gengibre e descarte.

e) Coloque as amêndoas e transfira para uma travessa. Regue com o óleo de gergelim e sirva quente.

45. Frango ao molho de gergelim

Ingredientes:

- 3 claras de ovo grandes
- 3 colheres de sopa de amido de milho, divididas
- $1\frac{1}{2}$ colheres de sopa de molho de soja light, dividido
- 1 libra de coxas de frango desossadas e sem pele, cortadas em pedaços pequenos
- 3 xícaras de óleo vegetal
- 3 fatias de gengibre fresco descascadas, cada uma do tamanho de um quarto
- sal Kosher
- flocos de pimenta vermelha
- 3 dentes de alho, picados grosseiramente
- $\frac{1}{4}$ xícara de caldo de galinha com baixo teor de sódio
- 2 colheres de óleo de gergelim
- 2 cebolinhas em fatias finas para decorar
- 1 colher de sopa de sementes de gergelim, para decorar

instruções:

a) Em uma tigela, usando um garfo ou batedor, bata as claras até ficarem espumosas e os pedaços mais apertados de clara de ovo ficarem espumosos. Misture 2 colheres de sopa de amido de milho e 2 colheres de chá de soja light até misturar bem. Dobre o frango e deixe marinar por 10 minutos.

b) Despeje o óleo na wok; o óleo deve ser de cerca de 1 a 1 $\frac{1}{2}$ polegadas de profundidade. Leve o óleo a 375 °F em fogo médio-alto. Você pode dizer que o óleo está na temperatura certa quando mergulha a ponta de uma colher de pau no óleo. Se o óleo borbulhar e chiar ao redor, o óleo está pronto.

c) Usando uma escumadeira ou escumadeira wok, retire o frango da marinada e sacuda o excesso. Abaixe com cuidado no óleo quente. Frite o frango em lotes por 3 a 4 minutos, ou até que o frango esteja dourado e crocante na superfície. Transfira para um prato forrado com papel toalha.

d) Despeje tudo, exceto 1 colher de sopa de óleo do wok e coloque-o em fogo médio-alto. Agite o óleo para revestir a base do wok. Tempere o azeite adicionando o gengibre e uma pitada de sal e pimenta vermelha em flocos. Deixe os flocos de gengibre e pimenta chiarem no óleo por cerca de 30 segundos, girando suavemente.

e) Adicione o alho e refogue, mexendo e virando com uma espátula wok por 30 segundos. Acrescente o caldo de galinha, as 2$\frac{1}{2}$ colheres de chá restantes de soja light e 1 colher de sopa de amido de milho restante. Cozinhe por 4 a 5 minutos, até o molho engrossar e ficar brilhante. Adicione o óleo de gergelim e mexa para combinar.

f) Desligue o fogo e adicione o frango frito, mexendo para revestir com o molho. Retire o gengibre e descarte.

Transfira para uma travessa e decore com a cebolinha fatiada e as sementes de gergelim.

46. Frango agridoce

Ingredientes:

- 2 colheres de chá de amido de milho e 2 colheres de água
- 3 colheres de sopa de óleo vegetal, dividido
- 4 fatias de gengibre fresco descascado
- ¾ libra de coxas de frango desossadas e sem pele, cortadas em pedaços pequenos
- ½ pimentão vermelho, cortado em pedaços de ½ polegada
- ½ pimentão verde, cortado em pedaços de ½ polegada
- ½ cebola amarela, cortada em pedaços de ½ polegada
- 1 lata (8 onças) de pedaços de abacaxi, escorridos, sucos reservados
- 1 (4 onças) lata de castanhas de água fatiadas, escorridas
- ¼ xícara de caldo de galinha com baixo teor de sódio
- 2 colheres de açúcar mascavo claro
- 2 colheres de vinagre de maçã
- 2 colheres de ketchup
- 1 colher de chá de molho inglês
- 3 cebolinhas, em fatias finas, para decorar

instruções:

a) Em uma tigela pequena, misture o amido de milho e a água e reserve.

b) Aqueça uma wok em fogo médio-alto até que uma gota de água chie e evapore em contato. Despeje 2 colheres de sopa de óleo e agite para revestir a base do wok. Tempere o azeite adicionando o gengibre e uma pitada de sal. Deixe o gengibre chiar no óleo por cerca de 30 segundos, girando suavemente.

c) Adicione o frango e sele contra a wok por 2 a 3 minutos. Vire e misture o frango, fritando por cerca de 1 minuto a mais, ou até não ficar mais rosado. Transfira para uma tigela e reserve.

d) Adicione a 1 colher de sopa restante de óleo e agite para revestir. Frite os pimentões vermelho e verde e a cebola por 3 a 4 minutos, até ficarem macios e translúcidos. Adicione o abacaxi e as castanhas de água e continue a fritar por mais um minuto. Junte os legumes ao frango e reserve.

e) Despeje o suco de abacaxi reservado, caldo de galinha, açúcar mascavo, vinagre, ketchup e molho inglês na wok e deixe ferver. Mantenha o fogo médio-alto e cozinhe por cerca de 4 minutos, até que o líquido seja reduzido pela metade.

f) Retorne o frango e os legumes para a wok e misture para combinar com o molho. Mexa rapidamente a mistura de amido de milho e água e adicione à wok. Mexa e vire tudo até que o amido de milho comece a engrossar o molho, tornando-se brilhante.

g) Descarte o gengibre, transfira para uma travessa, decore com a cebolinha e sirva quente.

47. Refogado de Ovo de Tomate

Ingredientes:

- 4 ovos grandes, em temperatura ambiente
- 1 colher de chá de vinho de arroz Shaoxing
- ½ colher de chá de óleo de gergelim
- ½ colher de chá de sal kosher
- Pimenta preta moída na hora
- 3 colheres de sopa de óleo vegetal, dividido
- 2 fatias de gengibre fresco descascadas, cada uma do tamanho de um quarto
- 1 quilo de uva ou tomate cereja
- 1 colher de chá de açúcar
- Arroz cozido ou macarrão, para servir

instruções:

a) Em uma tigela grande, bata os ovos. Adicione o vinho de arroz, óleo de gergelim, sal e uma pitada de pimenta e continue mexendo até combinar.

b) Aqueça uma wok em fogo médio-alto até que uma gota de água chie e evapore em contato. Despeje 2 colheres de sopa de óleo vegetal e agite para revestir a base do wok. Agite a mistura de ovos na wok quente. Agite e agite os ovos para cozinhar. Transfira os ovos para um prato de servir quando estiverem cozidos, mas não secos. Barraca com papel alumínio para manter aquecido.

c) Adicione a 1 colher de sopa restante de óleo vegetal ao wok. Tempere o azeite adicionando o gengibre e uma pitada de sal. Deixe o gengibre chiar no óleo por cerca de 30 segundos, girando suavemente.

d) Acrescente os tomates e o açúcar, mexendo para revestir com o óleo. Cubra e cozinhe por cerca de 5 minutos, mexendo de vez em quando, até que os tomates estejam macios e tenham liberado seus sucos. Descarte as fatias de gengibre e tempere os tomates com sal e pimenta.

e) Coloque os tomates sobre os ovos e sirva sobre arroz cozido ou macarrão.

48. Asas de frango frito para viagem chinesa

Ingredientes:

- 10 asas de frango inteiras, lavadas e secas
- 1/8 colher de chá de pimenta preta
- 1/4 colher de chá de pimenta branca
- $\frac{1}{4}$ colher de chá de alho em pó
- 1 colher de chá de sal
- $\frac{1}{2}$ colher de chá de açúcar
- 1 colher de sopa de molho de soja
- 1 colher de sopa de vinho Shaoxing
- 1 colher de chá de óleo de gergelim
- 1 ovo
- 1 colher de maizena
- 2 colheres de farinha
- óleo, para fritar

instruções:

a) Combine todos os ingredientes (exceto o óleo de fritura, é claro) em uma tigela grande. Misture tudo até que as asas estejam bem revestidas.
b) Deixe as asas marinarem por 2 horas em temperatura ambiente ou na geladeira durante a noite para obter melhores resultados.
c) Depois de marinar, se parecer que há líquido nas asas, certifique-se de misturá-las bem novamente. As asas devem ser bem revestidas com uma fina camada de massa. Se ainda

parecer muito aguado, adicione um pouco mais de amido de milho e farinha.

d) Encha uma panela média cerca de 2/3 do caminho com óleo e aqueça a 325 graus F.
e) Frite as asas em pequenos lotes por 5 minutos e retire para uma assadeira forrada com papel toalha. Depois que todas as asas estiverem fritas, retorne-as aos poucos ao óleo e frite novamente por 3 minutos.
f) Escorra em papel toalha ou uma grade de resfriamento e sirva com molho picante!

49. Frango tailandês com manjericão

PORÇÕES 4

Ingredientes:

- 3 a 4 colheres de óleo
- 3 ave tailandesa ou pimenta holandesa
- 3 chalotas, em fatias finas
- 5 dentes de alho, fatiados
- 1 quilo de frango moído
- 2 colheres de açúcar ou mel
- 2 colheres de sopa de molho de soja
- 1 colher de sopa de molho de peixe
- ⅓ xícara de caldo de galinha com baixo teor de sódio ou água
- 1 maço de manjericão sagrado ou folhas de manjericão tailandês

instruções:

a) Em uma wok em fogo alto, adicione o óleo, pimenta, cebolinha e alho e frite por 1-2 minutos.
b) Adicione o frango moído e refogue por 2 minutos, partindo o frango em pedaços pequenos.
c) Adicione o açúcar, o molho de soja e o molho de peixe. Frite por mais um minuto e de-glaze a panela com o caldo. Como sua panela está em fogo alto, o líquido deve cozinhar muito rapidamente.
d) Adicione o manjericão e refogue até murchar.
e) Sirva sobre o arroz.

50. Barriga de porco assada

Ingredientes:

- 3/4 lb. de barriga de porco magra, com pele
- 2 colheres de óleo
- 1 colher de sopa de açúcar (o açúcar mascavo é preferível se tiver)
- 3 colheres de sopa de vinho Shaoxing
- 1 colher de sopa de molho de soja comum
- ½ colher de sopa de molho de soja escuro
- 2 xícaras de água

instruções:

a) Comece cortando a barriga de porco em pedaços de 3/4 de polegada de espessura.
b) Leve uma panela de água para ferver. Escalde os pedaços de barriga de porco por alguns minutos. Isso elimina as impurezas e inicia o processo de cozimento. Retire a carne da panela, lave e reserve.
c) Em fogo baixo, adicione o óleo e o açúcar ao seu wok. Derreta o açúcar ligeiramente e adicione a carne de porco. Aumente o fogo para médio e cozinhe até que a carne de porco esteja levemente dourada.
d) Abaixe o fogo novamente e adicione o vinho de cozinha Shaoxing, o molho de soja comum, o molho de soja escuro e a água.
e) Cubra e cozinhe por cerca de 45 minutos a 1 hora até que a carne de porco esteja macia. A cada 5-10 minutos, mexa para não queimar e adicione mais água se ficar muito seco.

f) Quando a carne de porco estiver macia, se ainda houver muito líquido visível, descubra a wok, aumente o fogo e mexa continuamente até que o molho se reduza a uma camada brilhante.

51. Refogado de tomate e carne

Ingredientes:

- ¾ de libra de flanco ou fraldinha, cortada contra o grão em fatias de ¼ de polegada de espessura
- 1½ colheres de sopa de amido de milho, dividido
- 1 colher de sopa de vinho de arroz Shaoxing
- sal Kosher
- Pimenta branca moída
- 1 colher de pasta de tomate
- 2 colheres de sopa de molho de soja light
- 1 colher de chá de óleo de gergelim
- 1 colher de chá de açúcar
- 2 colheres de água
- 2 colheres de óleo vegetal
- 4 fatias de gengibre fresco descascadas, cada uma do tamanho de um quarto
- 1 chalota grande, em fatias finas
- 2 dentes de alho, finamente picados
- 5 tomates grandes, cada um cortado em 6 fatias
- 2 cebolinhas, partes brancas e verdes separadas, em fatias finas

instruções:

a) Em uma tigela pequena, misture a carne com 1 colher de sopa de amido de milho, vinho de arroz e uma pequena pitada de sal e pimenta branca. Reserve por 10 minutos.

b) Em outra tigela pequena, misture a ½ colher de sopa restante de amido de milho, pasta de tomate, soja light, óleo de gergelim, açúcar e água. Deixou de lado.

c) Aqueça uma wok em fogo médio-alto até que uma gota de água chie e evapore em contato. Despeje o óleo vegetal e agite para revestir a base do wok. Tempere o azeite adicionando o gengibre e uma pitada de sal. Deixe o gengibre chiar no óleo por cerca de 30 segundos, girando suavemente.

d) Transfira a carne para a wok e frite por 3 a 4 minutos, até não ficar mais rosada. Adicione a cebola e o alho e refogue por 1 minuto. Adicione os tomates e as claras de cebolinha e continue a fritar.

e) Acrescente o molho e continue fritando por 1 a 2 minutos, ou até que a carne e os tomates estejam cobertos e o molho tenha engrossado um pouco.

f) Descarte o gengibre, transfira para uma travessa e decore com a cebolinha. Servir quente.

52. Carne e Brócolis

Ingredientes:

- ¾ libra de fraldinha, cortada ao longo do grão em fatias de ¼ de polegada de espessura
- 1 colher de sopa de bicarbonato de sódio
- 1 colher de maizena
- 4 colheres de sopa de água, divididas
- 2 colheres de sopa de molho de ostra
- 2 colheres de sopa de vinho de arroz Shaoxing
- 2 colheres de chá de açúcar mascavo claro
- 1 colher de sopa de molho hoisin
- 2 colheres de óleo vegetal
- 4 fatias de gengibre fresco descascado, do tamanho de um quarto
- sal Kosher
- 1 libra de brócolis, cortado em floretes do tamanho da mordida
- 2 dentes de alho, finamente picados

instruções:

a) Em uma tigela pequena, misture a carne e o bicarbonato de sódio para cobrir. Reserve por 10 minutos. Lave a carne muito bem e depois seque com papel toalha.

b) Em outra tigela pequena, misture o amido de milho com 2 colheres de sopa de água e misture o molho de ostra, vinho de arroz, açúcar mascavo e molho hoisin. Deixou de lado.

c) Aqueça uma wok em fogo médio-alto até que uma gota de água chie e evapore em contato. Despeje o óleo e agite para revestir a base do wok. Tempere o azeite adicionando o gengibre e uma pitada de sal. Deixe o gengibre chiar no óleo por cerca de 30 segundos, girando suavemente. Adicione a carne à wok e frite por 3 a 4 minutos, até não ficar mais rosada. Transfira a carne para uma tigela e reserve.

d) Adicione o brócolis e o alho e refogue por 1 minuto, em seguida, adicione as 2 colheres de sopa restantes de água. Cubra a wok e cozinhe o brócolis no vapor por 6 a 8 minutos, até ficar crocante e macio.

e) Retorne a carne para a wok e misture o molho por 2 a 3 minutos, até ficar totalmente coberto e o molho engrossar um pouco. Descarte o gengibre, transfira para uma travessa e sirva quente.

53. Fritada de carne com pimenta preta

Ingredientes:

- 1 colher de sopa de molho de ostra
- 1 colher de sopa de vinho de arroz Shaoxing
- 2 colheres de chá de amido de milho
- 2 colheres de chá de molho de soja light
- Pimenta branca moída
- ¼ colher de chá de açúcar
- ¾ libra de pontas de lombo de carne ou pontas de lombo, cortadas em pedaços de 1 polegada
- 3 colheres de óleo vegetal
- 3 fatias de gengibre fresco descascadas, cada uma do tamanho de um quarto
- sal Kosher
- 1 pimentão verde, cortado em tiras de ½ polegada de largura
- 1 cebola roxa pequena, cortada em tiras finas
- 1 colher de chá de pimenta preta moída na hora, ou mais a gosto
- 2 colheres de chá de óleo de gergelim

instruções:

a) Em uma tigela, misture o molho de ostra, vinho de arroz, amido de milho, soja light, uma pitada de pimenta branca e açúcar. Misture a carne para revestir e deixe marinar por 10 minutos.

b) Aqueça uma wok em fogo médio-alto até que uma gota de água chie e evapore em contato. Despeje o óleo vegetal e agite para revestir a base do wok. Adicione o gengibre e uma pitada de sal. Deixe o gengibre chiar no óleo por cerca de 30 segundos, girando suavemente.

c) Usando pinças, transfira a carne para a wok e descarte qualquer marinada restante. Sear contra a wok por 1 a 2 minutos, ou até que uma crosta dourada se desenvolva. Vire a carne e sele do outro lado, mais 2 minutos. Frite, mexendo e virando na wok por mais 1 a 2 minutos, depois transfira a carne para uma tigela limpa.

d) Adicione o pimentão e a cebola e refogue por 2 a 3 minutos, ou até que os legumes fiquem brilhantes e macios. Retorne a carne para a wok, adicione a pimenta preta e refogue por mais 1 minuto.

e) Descarte o gengibre, transfira para uma travessa e regue o óleo de gergelim por cima. Servir quente.

54. Carne de gergelim

Ingredientes:

- 1 colher de sopa de molho de soja light
- 2 colheres de sopa de óleo de gergelim, dividido
- 2 colheres de chá de amido de milho, dividido
- Cabide, saia ou bife de ferro plano de 1 libra, cortado em tiras de ¼ de polegada de espessura
- ½ xícara de suco de laranja espremido na hora
- ½ colher de chá de vinagre de arroz
- 1 colher de chá de sriracha (opcional)
- 1 colher de chá de açúcar mascavo claro
- sal Kosher
- Pimenta preta moída na hora
- 3 colheres de sopa de óleo vegetal, dividido
- 4 fatias de gengibre fresco descascadas, cada uma do tamanho de um quarto
- 1 cebola amarela pequena, em fatias finas
- 3 dentes de alho, picados
- ½ colher de sopa de sementes de gergelim branco, para decorar

instruções:

a) Em uma tigela grande, misture a soja light, 1 colher de sopa de óleo de gergelim e 1 colher de chá de amido de milho até que o amido de milho se dissolva. Adicione a carne e misture para revestir na marinada. Deixe marinar por 10 minutos enquanto prepara o molho.

b) Em um copo medidor de vidro, misture o suco de laranja, 1 colher de sopa de óleo de gergelim restante, vinagre de arroz, sriracha (se estiver usando), açúcar mascavo, 1 colher de chá de amido de milho restante e uma pitada de sal e pimenta. Mexa até dissolver o amido de milho e reserve.

c) Aqueça uma wok em fogo médio-alto até que uma gota de água chie e evapore em contato. Despeje 2 colheres de sopa de óleo vegetal e agite para revestir a base do wok. Tempere o azeite adicionando o gengibre e uma pitada de sal. Deixe o gengibre chiar no óleo por cerca de 30 segundos, girando suavemente.

d) Usando pinças, transfira a carne para a wok e descarte a marinada. Deixe as peças dourar na wok por 2 a 3 minutos. Vire para dourar do outro lado por mais 1 a 2 minutos. Frite mexendo e virando na wok rapidamente por mais 1 minuto. Transfira para uma tigela limpa.

e) Adicione a 1 colher de sopa restante de óleo vegetal e misture a cebola. Frite rapidamente, jogando e virando a cebola com uma espátula wok por 2 a 3 minutos, até que a cebola pareça translúcida, mas ainda esteja firme na textura. Adicione o alho e refogue por mais 30 segundos.

f) Misture o molho e continue cozinhando até que o molho comece a engrossar. Retorne a carne para a wok, mexendo e virando para que a carne e a cebola fiquem cobertas com o molho. Tempere a gosto com sal e pimenta.

g) Transfira para uma travessa, descarte o gengibre, polvilhe com as sementes de gergelim e sirva quente.

55. Carne da Mongólia

Ingredientes:

- 2 colheres de sopa de vinho de arroz Shaoxing
- 1 colher de sopa de molho de soja escuro
- 1 colher de sopa de amido de milho, dividido
- $\frac{3}{4}$ libra bife de flanco, cortado contra o grão em fatias de $\frac{1}{4}$ de polegada de espessura
- $\frac{1}{4}$ xícara de caldo de galinha com baixo teor de sódio
- 1 colher de açúcar mascavo claro
- 1 xícara de óleo vegetal
- 4 ou 5 pimentões chineses vermelhos secos inteiros
- 4 dentes de alho, picados grosseiramente
- 1 colher de chá de gengibre fresco descascado finamente picado
- $\frac{1}{2}$ cebola amarela, em fatias finas
- 2 colheres de sopa de coentro fresco picado grosseiramente

instruções:

a) Em uma tigela, misture o vinho de arroz, a soja escura e 1 colher de sopa de amido de milho. Adicione o flanco fatiado e misture para revestir. Reserve e deixe marinar por 10 minutos.

b) Despeje o óleo em uma wok e leve a 375 °F em fogo médio-alto. Você pode dizer que o óleo está na temperatura certa quando mergulha a ponta de uma colher de pau no óleo. Se o óleo borbulhar e chiar ao redor, o óleo está pronto.

c) Retire a carne da marinada, reservando a marinada. Adicione a carne ao óleo e frite por 2 a 3 minutos, até desenvolver uma crosta dourada. Usando uma escumadeira wok, transfira a carne para uma tigela limpa e reserve. Adicione o caldo de galinha e o açúcar mascavo à tigela da marinada e mexa para combinar.

d) Despeje tudo, exceto 1 colher de sopa de óleo do wok e coloque-o em fogo médio-alto. Adicione as pimentas, o alho e o gengibre. Deixe os aromáticos chiarem no óleo por cerca de 10 segundos, girando suavemente.

e) Adicione a cebola e refogue por 1 a 2 minutos, ou até a cebola ficar macia e translúcida. Adicione a mistura de caldo de galinha e misture. Cozinhe por cerca de 2 minutos, adicione a carne e misture tudo por mais 30 segundos.

f) Transfira para uma travessa, decore com o coentro e sirva quente.

56. Carne de Sichuan com aipo e cenoura

Ingredientes:

- 2 colheres de sopa de vinho de arroz Shaoxing
- 1 colher de sopa de molho de soja escuro
- 2 colheres de chá de óleo de gergelim
- $\frac{3}{4}$ libra flanco ou bife de saia, cortado contra o grão
- 1 colher de sopa de molho hoisin
- 2 colheres de chá de molho de soja light
- 2 colheres de sopa de amido de milho, dividido
- $\frac{1}{4}$ colher de chá de cinco especiarias chinesas em pó
- 1 colher de chá de pimenta de Sichuan, esmagada
- 4 fatias de gengibre fresco descascado
- 3 dentes de alho, levemente esmagados
- 2 talos de aipo, cortados em juliana em tiras de 3 polegadas
- 1 cenoura grande, descascada e cortada em tiras de 3 polegadas
- 2 cebolinhas, em fatias finas

instruções:

a) Em uma tigela, misture o vinho de arroz, a soja escura e o óleo de gergelim.

b) Adicione a carne e misture para combinar. Reserve por 10 minutos.

c) Em uma tigela pequena, misture o molho hoisin, soja light, água, 1 colher de sopa de amido de milho e cinco especiarias em pó. Deixou de lado.

d) Aqueça uma wok em fogo médio-alto até que uma gota de água chie e evapore em contato. Despeje o óleo vegetal e agite para revestir a base do wok. Tempere o azeite adicionando a pimenta, o gengibre e o alho. Deixe os aromáticos chiarem no óleo por cerca de 10 segundos, girando suavemente.

e) Misture a carne na 1 colher de sopa restante de amido de milho para cobrir e adicione ao wok. Sele a carne contra a lateral da wok por 1 a 2 minutos, ou até que uma crosta dourada se desenvolva. Vire e sele do outro lado por mais um minuto. Mexa e vire por cerca de 2 minutos a mais, até que a carne não esteja mais rosada.

f) Mova a carne para os lados do wok e adicione o aipo e a cenoura no centro. Frite, mexendo e virando até que os legumes estejam macios, mais 2 a 3 minutos. Mexa a mistura de molho hoisin e despeje na wok. Continue a fritar, cobrindo a carne e os legumes com o molho por 1 a 2 minutos, até o molho começar a engrossar e ficar brilhante. Retire o gengibre e o alho e descarte.

57. Xícaras de alface bovina Hoisin

Ingredientes:

- ¾ libra de carne moída
- 2 colheres de chá de amido de milho
- sal Kosher
- Pimenta preta moída na hora
- 3 colheres de sopa de óleo vegetal, dividido
- 1 colher de sopa de gengibre descascado finamente picado
- 2 dentes de alho, finamente picados
- 1 cenoura, descascada e cortada em juliana
- 1 (4 onças) lata de castanhas de água em cubos, escorridas e enxaguadas
- 2 colheres de sopa de molho hoisin
- 3 cebolinhas, partes brancas e verdes separadas, em fatias finas
- 8 folhas largas de alface iceberg (ou Bibb), cortadas em xícaras redondas

instruções:

a) Em uma tigela, polvilhe a carne com o amido de milho e uma pitada de sal e pimenta. Misture bem para combinar.

b) Aqueça uma wok em fogo médio-alto até que uma gota de água chie e evapore em contato. Despeje 2 colheres de sopa de óleo e agite para revestir a base do wok. Adicione a carne e doure dos dois lados, depois mexa e vire, quebrando a carne em pedaços e grumos por 3 a 4 minutos, até que a carne não esteja mais rosada. Transfira a carne para uma tigela limpa e reserve.

c) Limpe o wok e volte-o ao fogo médio. Adicione a 1 colher de sopa restante de óleo e frite rapidamente o gengibre e o alho com uma pitada de sal. Assim que o alho estiver perfumado, misture a cenoura e as castanhas de água por 2 a 3 minutos, até que a cenoura fique macia. Abaixe o fogo para médio, retorne a carne ao wok e misture com o molho hoisin e as claras de cebolinha. Atire para combinar, cerca de mais 45 segundos.

d) Espalhe as folhas de alface, 2 por prato, e divida uniformemente a mistura de carne entre as folhas de alface. Decore com as folhas de cebolinha e coma como se fosse um taco macio.

58. Costeletas de porco fritas com cebola

Ingredientes:

- 4 costeletas de lombo de porco sem osso
- 1 colher de sopa de vinho Shaoxing
- ½ colher de chá de pimenta preta moída na hora
- sal Kosher
- 3 xícaras de óleo vegetal
- 2 colheres de amido de milho
- 3 fatias de gengibre fresco descascadas, cada uma do tamanho de um quarto
- 1 cebola amarela média, em fatias finas
- 2 dentes de alho, finamente picados
- 2 colheres de sopa de molho de soja light
- 1 colher de chá de molho de soja escuro
- ½ colher de chá de vinagre de vinho tinto
- Açúcar

instruções:

a) Bata as costeletas de porco com um martelo de carne até ficarem com ½ polegada de espessura. Coloque em uma tigela e tempere com o vinho de arroz, pimenta e uma pequena pitada de sal. Marinar por 10 minutos.

b) Despeje o óleo na wok; o óleo deve ser de cerca de 1 a 1 ½ polegadas de profundidade. Leve o óleo a 375 ° F em fogo médio-alto. Você pode dizer que o óleo está na temperatura certa quando mergulha a ponta de uma colher de pau no óleo. Se o óleo borbulhar e chiar ao redor, o óleo está pronto.

c) Trabalhando em 2 lotes, cubra as costeletas com o amido de milho. Abaixe-os delicadamente um de cada vez no óleo e frite por 5 a 6 minutos, até dourar. Transfira para um prato forrado com papel toalha.

d) Despeje tudo, exceto 1 colher de sopa de óleo do wok e coloque-o em fogo médio-alto. Tempere o azeite adicionando o gengibre e uma pitada de sal. Deixe o gengibre chiar no óleo por cerca de 30 segundos, girando suavemente.

e) Frite a cebola por cerca de 4 minutos, até ficar translúcida e macia. Adicione o alho e frite por mais 30 segundos, ou até perfumar. Transfira para o prato com as costeletas de porco.

f) Na wok, despeje a soja clara, a soja escura, o vinagre de vinho tinto e uma pitada de açúcar e mexa para combinar. Deixe ferver e devolva a cebola e as costeletas de porco ao wok. Atire para combinar como o molho começa a engrossar um pouco. Retire o gengibre e descarte. Transfira para uma travessa e sirva imediatamente.

59. Cinco Especiarias de Porco com Bok Choy

Ingredientes:

- 1 colher de sopa de molho de soja light
- 1 colher de sopa de vinho de arroz Shaoxing
- 1 colher de chá de cinco especiarias chinesas em pó
- 1 colher de chá de amido de milho
- ½ colher de chá de açúcar mascavo claro
- ¾ libra de carne de porco moída
- 2 colheres de óleo vegetal
- 2 dentes de alho descascados e levemente amassados
- sal Kosher
- 2 a 3 cabeças de bok choy, cortadas transversalmente em pedaços pequenos
- 1 cenoura, descascada e cortada em juliana
- Arroz cozido, para servir

instruções:

a) Em uma tigela, misture a soja light, o vinho de arroz, o pó de cinco especiarias, o amido de milho e o açúcar mascavo. Adicione a carne de porco e misture delicadamente para combinar. Reserve para marinar por 10 minutos.

b) Aqueça uma wok em fogo médio-alto até que uma gota de água chie e evapore em contato. Despeje o óleo e agite para revestir a base do wok. Tempere o azeite adicionando o alho e uma pitada de sal. Deixe o alho chiar no óleo por cerca de 10 segundos, girando suavemente.

c) Adicione a carne de porco à wok e deixe-a selar contra as paredes da wok por 1 a 2 minutos, ou até que uma crosta dourada se desenvolva. Vire e sele do outro lado por mais um minuto. Mexa e vire para fritar a carne de porco por mais 1 a 2 minutos, quebrando-a em migalhas e grumos até não mais rosada.

d) Adicione o bok choy e a cenoura e misture e vire para combinar com a carne de porco. Continue fritando por 2 a 3 minutos, até que a cenoura e o bok choy estejam macios. Transfira para uma travessa e sirva quente com arroz cozido no vapor.

60. Hoisin Porco Frito

Ingredientes:

- 2 colheres de chá de vinho de arroz Shaoxing
- 2 colheres de chá de molho de soja light
- ½ colher de chá de pasta de pimenta
- ¾ libra de lombo de porco desossado, cortado em tiras juliana
- 2 colheres de óleo vegetal
- 4 fatias de gengibre fresco descascadas, cada uma do tamanho de um quarto
- sal Kosher
- 4 onças de ervilhas, cortadas em fatias finas na diagonal
- 2 colheres de sopa de molho hoisin
- 1 colher de água

instruções:

a) Em uma tigela, misture o vinho de arroz, a soja light e a pasta de pimenta. Adicione a carne de porco e misture para revestir. Reserve para marinar por 10 minutos.

b) Aqueça uma wok em fogo médio-alto até que uma gota de água chie e evapore em contato. Despeje o óleo e agite para revestir a base do wok. Tempere o azeite adicionando o gengibre e uma pitada de sal. Deixe o gengibre chiar no óleo por cerca de 30 segundos, girando suavemente.

c) Adicione a carne de porco e a marinada e frite por 2 a 3 minutos, até não ficar mais rosada. Adicione as ervilhas e frite por cerca de 1 minuto, até ficarem macias e translúcidas. Misture o molho hoisin e água para soltar o molho. Continue a mexer e virar por 30 segundos, ou até que o molho seja aquecido e a carne de porco e as ervilhas estejam cobertas.

d) Transfira para uma travessa e sirva quente.

61. Barriga de porco duas vezes cozida

Ingredientes:

- 1 quilo de barriga de porco desossada
- ⅓ xícara de molho de feijão preto ou molho de feijão preto comprado em loja
- 1 colher de sopa de vinho de arroz Shaoxing
- 1 colher de chá de molho de soja escuro
- ½ colher de chá de açúcar
- 2 colheres de sopa de óleo vegetal, dividido
- 4 fatias de gengibre fresco descascado
- sal Kosher
- 1 alho-poró, cortado ao meio no sentido do comprimento e cortado na diagonal
- ½ pimentão vermelho, fatiado

instruções:

a) Em uma panela grande, coloque a carne de porco e cubra com água. Leve a panela ao fogo e, em seguida, reduza para ferver. Cozinhe descoberto por 30 minutos, ou até que a carne de porco esteja macia e cozida. Usando uma escumadeira, transfira a carne de porco para uma tigela (descarte o líquido do cozimento) e deixe esfriar.

b) Leve à geladeira por várias horas ou durante a noite. Quando a carne de porco estiver fria, corte em fatias finas de $\frac{1}{4}$ de polegada de espessura e reserve. Permitir que a carne de porco esfrie completamente antes de fatiar facilitará o corte em fatias finas.

c) Em um copo medidor de vidro, misture o molho de feijão preto, vinho de arroz, soja escura e açúcar e reserve.

d) Aqueça uma wok em fogo médio-alto até que uma gota de água chie e evapore em contato. Despeje 1 colher de sopa de óleo e agite para revestir a base do wok. Tempere o azeite adicionando o gengibre e uma pitada de sal. Deixe o gengibre chiar no óleo por cerca de 30 segundos, girando suavemente.

e) Trabalhando em lotes, transfira metade da carne de porco para a wok. Deixe as peças dourar na wok por 2 a 3 minutos. Vire para dourar do outro lado por mais 1 a 2 minutos, até que a carne de porco comece a enrolar. Transfira para uma tigela limpa. Repita com a carne de porco restante.

f) Adicione a 1 colher de sopa restante de óleo. Adicione o alho-poró e a pimenta vermelha e refogue por 1 minuto, até que o alho-poró esteja macio. Misture o molho e refogue até ficar perfumado. Retorne a carne de porco para a panela e continue fritando por mais 2 a 3 minutos, até que tudo esteja cozido. Descarte as fatias de gengibre e transfira para uma travessa.

62. Mu Shu Porco com Panquecas de Frigideira

Ingredientes:

Para as panquecas

- 1 ¾ xícaras de farinha de trigo
- ¾ xícara de água fervente
- sal Kosher
- 3 colheres de óleo de gergelim

Para a carne de porco mu shu

- 2 colheres de sopa de molho de soja light
- 1 colher de chá de amido de milho
- 1 colher de chá de vinho de arroz Shaoxing
- Pimenta branca moída
- ¾ libra de lombo de porco desossado, cortado contra o grão
- 3 colheres de óleo vegetal
- 2 colheres de chá de gengibre fresco descascado finamente picado
- 1 cenoura grande, descascada e cortada em juliana fina para comprimentos de 3 polegadas
- 6 a 8 cogumelos de orelha de madeira frescos, cortados em tiras juliana

- ½ repolho verde de cabeça pequena, picado
- 2 cebolinhas, cortadas em comprimentos de ½ polegada
- 1 lata (4 onças) de brotos de bambu fatiados, escorridos e cortados em juliana
- ¼ xícara de molho de ameixa, para servir

instruções:

Para fazer as panquecas

a) Em uma tigela grande, usando uma colher de pau, misture a farinha, a água fervente e uma pitada de sal. Misture tudo até virar uma massa grudenta. Transfira a massa para uma tábua de corte enfarinhada e amasse com as mãos por cerca de 4 minutos, ou até ficar homogênea. A massa estará quente, então use luvas descartáveis para proteger as mãos. Volte a massa para a tigela e cubra com filme plástico. Deixe descansar por 30 minutos.

b) Molde a massa em um tronco de 12 polegadas de comprimento, rolando-o com as mãos. Corte o tronco em 12 pedaços iguais, mantendo a forma redonda para criar medalhões. Achate os medalhões com as palmas das mãos e pincele os topos com o óleo de gergelim. Pressione os lados untados com óleo, para criar 6 pilhas de pedaços de massa dobrada.

c) Enrole cada pilha em uma folha fina e redonda, de 7 a 8 polegadas de diâmetro. É melhor continuar virando a panqueca enquanto você rola, para obter uma magreza uniforme para ambos os lados.

d) Aqueça uma panela de ferro fundido em fogo médio-alto e cozinhe as panquecas uma de cada vez por cerca de 1 minuto no primeiro lado, até que fique levemente translúcida e comece a empolar. Vire para cozinhar o outro lado, mais 30 segundos. Transfira a panqueca para um prato forrado com um pano de cozinha e separe cuidadosamente as duas panquecas.

Para fazer a carne de porco mu shu

e) Em uma tigela, misture a soja light, o amido de milho, o vinho de arroz e uma pitada de pimenta branca. Adicione a carne de porco fatiada e misture para cobrir e deixe marinar por 10 minutos.

f) Aqueça uma wok em fogo médio-alto até que uma gota de água chie e evapore em contato. Despeje o óleo vegetal e agite para revestir a base do wok. Tempere o azeite adicionando o gengibre e uma pitada de sal. Deixe o gengibre chiar no óleo por cerca de 10 segundos, girando suavemente.

g) Adicione a carne de porco e frite por 1 a 2 minutos, até não ficar mais rosada. Adicione a cenoura e os cogumelos e continue a refogar por mais 2 minutos, ou até a cenoura ficar macia. Adicione o repolho, cebolinha e brotos de bambu e frite por mais um minuto, ou até aquecer. Transfira para uma tigela e sirva colocando o recheio de carne de porco no centro de uma panqueca e cobrindo com molho de ameixa.

63. Costelinha de porco com molho de feijão preto

Ingredientes:

- Costeletas de porco de 1 libra, cortadas transversalmente em tiras de 1 $\frac{1}{2}$ polegada de largura
- $\frac{1}{4}$ colher de chá de pimenta branca moída
- 2 colheres de sopa de molho de feijão preto ou molho de feijão preto comprado em loja
- 1 colher de sopa de vinho de arroz Shaoxing
- 1 colher de óleo vegetal
- 2 colheres de chá de amido de milho
- $\frac{1}{2}$ polegada de gengibre fresco, descascado e finamente picado
- 2 dentes de alho, finamente picados
- 1 colher de chá de óleo de gergelim
- 2 cebolinhas, em fatias finas

instruções:

a) Corte entre as costelas para separá-las em costelas pequenas. Em uma tigela rasa e resistente ao calor, misture as costelas e a pimenta branca. Adicione o molho de feijão preto, vinho de arroz, óleo vegetal, amido de milho, gengibre e alho e misture, certificando-se de que as costelas estejam todas cobertas. Marinar por 10 minutos.

b) Lave uma cesta de bambu para vapor e sua tampa em água fria e coloque-a na wok. Despeje em 2 polegadas de água, ou até que chegue acima da borda inferior do vaporizador por cerca de $\frac{1}{4}$ a $\frac{1}{2}$ polegada, mas não tanto que toque o fundo da cesta. Coloque a tigela com as costelas na cesta de cozimento a vapor e tampe.

c) Ligue o fogo alto para ferver a água e, em seguida, abaixe o fogo para médio-alto. Cozinhe no vapor em fogo médio-alto por 20 a 22 minutos, ou até que as costelas não estejam mais rosadas. Você pode precisar reabastecer a água, então continue verificando para se certificar de que não ferva seca na wok.

d) Retire a tigela com cuidado do cesto do vaporizador. Regue as costelas com o óleo de gergelim e decore com a cebolinha. Sirva imediatamente.

64. Cordeiro da Mongólia Frito

Ingredientes:

- 2 colheres de sopa de vinho de arroz Shaoxing
- 1 colher de sopa de molho de soja escuro
- 3 dentes de alho, picados
- 2 colheres de chá de amido de milho
- 1 colher de chá de óleo de gergelim
- 1 libra de perna de cordeiro desossada, cortada em fatias de ¼ de polegada de espessura
- 3 colheres de sopa de óleo vegetal, dividido
- 4 fatias de gengibre fresco descascadas, cada uma do tamanho de um quarto
- 2 pimentas vermelhas secas inteiras (opcional)
- sal Kosher
- 4 cebolinhas, cortadas em pedaços de 3 polegadas de comprimento, depois em fatias finas no sentido do comprimento

instruções:

a) Em uma tigela grande, misture o vinho de arroz, soja escura, alho, amido de milho e óleo de gergelim. Adicione o cordeiro à marinada e misture. Marinar por 10 minutos.

b) Aqueça uma wok em fogo médio-alto até que uma gota de água chie e evapore em contato. Despeje 2 colheres de sopa de óleo vegetal e agite para revestir a base do wok. Tempere o óleo adicionando o gengibre, pimentas (se estiver usando) e uma pitada de sal. Deixe os aromáticos chiarem no óleo por cerca de 30 segundos, girando suavemente.

c) Usando uma pinça, retire metade do cordeiro da marinada, sacudindo levemente para deixar escorrer o excesso. Reserve a marinada. Sear no wok por 2 a 3 minutos. Vire para dourar do outro lado por mais 1 a 2 minutos. Frite mexendo e virando na wok rapidamente por mais 1 minuto. Transfira para uma tigela limpa. Adicione a 1 colher de sopa restante de óleo vegetal e repita com o cordeiro restante.

d) Retorne todo o cordeiro e a marinada reservada para a wok e misture as cebolinhas. Frite por mais 1 minuto, ou até que o cordeiro esteja cozido e a marinada se transforme em um molho brilhante.

e) Transfira para uma travessa, descarte o gengibre e sirva quente.

65. Cordeiro Temperado Com Cominho

Ingredientes:

- ¾ libra perna de cordeiro desossada, cortada em pedaços de 1 polegada
- 1 colher de sopa de molho de soja light
- 1 colher de sopa de vinho de arroz Shaoxing
- sal Kosher
- 2 colheres de cominho moído
- 1 colher de chá de pimenta de Sichuan, esmagada
- ½ colher de chá de açúcar
- 3 colheres de sopa de óleo vegetal, dividido
- 4 fatias de gengibre fresco descascadas, cada uma do tamanho de um quarto
- 2 colheres de amido de milho
- ½ cebola amarela, cortada longitudinalmente em tiras
- 6 a 8 pimentas chinesas secas inteiras (opcional)
- 4 dentes de alho, em fatias finas
- ½ maço de coentro fresco, picado grosseiramente

instruções:

a) Em uma tigela, misture o cordeiro, a soja light, o vinho de arroz e uma pequena pitada de sal. Misture para revestir e deixe marinar por 15 minutos, ou durante a noite na geladeira.

b) Em outra tigela, misture o cominho, a pimenta de Sichuan e o açúcar. Deixou de lado.

c) Aqueça uma wok em fogo médio-alto até que uma gota de água chie e evapore em contato. Despeje 2 colheres de sopa de óleo e agite para revestir a base do wok. Tempere o azeite adicionando o gengibre e uma pitada de sal. Deixe o gengibre chiar no óleo por cerca de 30 segundos, girando suavemente.

d) Misture os pedaços de cordeiro com o amido de milho e adicione ao wok quente. Sele o cordeiro por 2 a 3 minutos de cada lado e, em seguida, frite por mais 1 ou 2 minutos, jogando e virando ao redor do wok. Transfira o cordeiro para uma tigela limpa e reserve.

e) Adicione a 1 colher de sopa restante de óleo e agite para revestir a wok. Acrescente a cebola e a pimenta (se estiver usando) e frite por 3 a 4 minutos, ou até que a cebola comece a ficar brilhante, mas não mole. Tempere levemente com uma pequena pitada de sal. Acrescente a mistura de alho e especiarias e continue a fritar por mais um minuto.

f) Retorne o cordeiro para a wok e misture por mais 1 a 2 minutos. Transfira para uma travessa, descarte o gengibre e decore com o coentro.

66. Cordeiro com Gengibre e Alho-poró

Ingredientes:

- ¾ libra perna de cordeiro desossada, cortada em 3 pedaços, depois em fatias finas ao longo do grão
- sal Kosher
- 2 colheres de sopa de vinho de arroz Shaoxing
- 1 colher de sopa de molho de soja escuro
- 1 colher de sopa de molho de soja light
- 1 colher de chá de molho de ostra
- 1 colher de chá de mel
- 1 a 2 colheres de chá de óleo de gergelim
- ½ colher de chá de grãos de pimenta Sichuan moídos
- 2 colheres de chá de amido de milho
- 2 colheres de óleo vegetal
- 1 colher de sopa de gengibre fresco descascado e finamente picado
- 2 alhos-porós, aparados e em fatias finas
- 4 dentes de alho, finamente picados

instruções:

a) Em uma tigela, tempere o cordeiro levemente com 1 a 2 pitadas de sal. Atire para revestir e reserve por 10 minutos. Em uma tigela pequena, misture o vinho de arroz, soja escura, soja clara, molho de ostra, mel, óleo de gergelim, pimenta de Sichuan e amido de milho. Deixou de lado.

b) Aqueça uma wok em fogo médio-alto até que uma gota de água chie e evapore em contato. Despeje o óleo vegetal e agite para revestir a base do wok. Tempere o azeite adicionando o gengibre e uma pitada de sal. Deixe o gengibre chiar no óleo por cerca de 10 segundos, girando suavemente.

c) Adicione o cordeiro e sele por 1 a 2 minutos, depois comece a fritar, mexendo e virando por mais 2 minutos, ou até não ficar mais rosado. Transfira para uma tigela limpa e reserve.

d) Adicione o alho-poró e o alho e refogue por 1 a 2 minutos, ou até que o alho-poró esteja verde brilhante e macio. Transfira para a tigela de cordeiro.

e) Despeje a mistura de molho e cozinhe por 3 a 4 minutos, até que o molho reduza pela metade e fique brilhante. Retorne o cordeiro e os legumes para a wok e misture para combinar com o molho.

f) Transfira para uma travessa e sirva quente.

67. Carne de manjericão tailandês

Ingredientes:

- 2 colheres de óleo
- 12 oz. carne bovina, cortada em fatias finas contra o grão
- 5 dentes de alho, picados
- $\frac{1}{2}$ de um pimentão vermelho, cortado em fatias finas
- 1 cebola pequena, em fatias finas
- 2 colheres de chá de molho de soja
- 1 colher de chá de molho de soja escuro
- 1 colher de chá de molho de ostra
- 1 colher de sopa de molho de peixe
- $\frac{1}{2}$ colher de chá de açúcar
- 1 xícara de folhas de manjericão tailandês, embaladas
- Coentro, para guarnecer

instruções:

a) Aqueça a wok em fogo alto e adicione o óleo. Sele a carne apenas até dourar. Retire da wok e reserve.
b) Adicione o alho e a pimenta vermelha ao wok e frite por cerca de 20 segundos.
c) Adicione a cebola e refogue até dourar e levemente caramelizada.
d) Jogue a carne de volta, junto com o molho de soja, molho de soja escuro, molho de ostra, molho de peixe e açúcar.
e) Frite por mais alguns segundos e, em seguida, dobre o manjericão tailandês até murchar.
f) Sirva com arroz de jasmim e decore com coentro.

68. Porco de churrasco chinês

PORÇÕES 8

Ingredientes:

- 3 libras (1,4 kg) ombro de porco / bumbum de porco (selecione um corte com um pouco de gordura boa nele)
- ¼ xícara (50g) de açúcar
- 2 colheres de sal
- ½ colher de chá de cinco especiarias em pó
- ¼ colher de chá de pimenta branca
- ½ colher de chá de óleo de gergelim
- 1 colher de sopa de vinho Shaoxing ou
- vinho de ameixa chinês
- 1 colher de sopa de molho de soja
- 1 colher de sopa de molho hoisin
- 2 colheres de chá de melado
- 3 dentes de alho bem picadinho
- 2 colheres de sopa de maltose ou mel
- 1 colher de água quente

instruções:

a) Corte a carne de porco em tiras longas ou pedaços de cerca de 3 polegadas de espessura. Não corte o excesso de gordura, pois ela derreterá e adicionará sabor.
b) Combine o açúcar, sal, cinco especiarias em pó, pimenta branca, óleo de gergelim, vinho, molho de soja, molho hoisin,

melaço, corante alimentar (se estiver usando) e alho em uma tigela para fazer a marinada.

c) Reserve cerca de 2 colheres de sopa de marinada e reserve. Esfregue a carne de porco com o restante da marinada em uma tigela grande ou assadeira. Cubra e leve à geladeira durante a noite, ou pelo menos 8 horas. Cubra e guarde a marinada reservada na geladeira também.

d) Pré-aqueça o forno na configuração mais alta (475-550 graus F ou 250-290 graus C) com um rack posicionado no terço superior do forno. Forre uma assadeira com papel alumínio e coloque uma grade de metal por cima. Coloque a carne de porco na grelha, deixando o máximo de espaço possível entre as peças. Despeje 1 ½ xícaras de água na panela abaixo do rack. Isso evita que os pingos queimem ou fumem.

e) Transfira a carne de porco para o forno pré-aquecido e asse por 25 minutos. Após 25 minutos, vire a carne de porco. Se o fundo da panela estiver seco, adicione outra xícara de água. Vire a assadeira 180 graus para garantir um assado uniforme. Asse mais 15 minutos.

f) Enquanto isso, misture a marinada reservada com a maltose ou mel e 1 colher de sopa de água quente. Este será o molho que você usará para regar a carne de porco.

g) Após 40 minutos de tempo total de assar, regue a carne de porco, vire-a e regue o outro lado também. Asse por uns 10 minutos finais.

h) Após 50 minutos de tempo total de assar, a carne de porco deve estar cozida e caramelizada por cima. Se não estiver caramelizado ao seu gosto, você pode ligar o frango por alguns minutos para ficar crocante por fora e adicionar um pouco de cor / sabor.

69. Pãezinhos de porco de churrasco no vapor

FAZ 10 BOLOS

Ingredientes:

Para a massa de pão cozido no vapor:

- 1 colher de chá de fermento biológico seco
- ¾ xícara de água morna
- 2 xícaras de farinha de trigo
- 1 xícara de amido de milho
- 5 colheres de açúcar
- ¼ xícara de óleo de canola ou vegetal
- 2½ colheres de chá de fermento em pó

Para o recheio:

- 1 colher de óleo
- ⅓ xícara de cebolinha picada ou cebola roxa
- 1 colher de açúcar
- 1 colher de sopa de molho de soja light
- 1½ colheres de sopa de molho de ostra
- 2 colheres de chá de óleo de gergelim
- 2 colheres de chá de molho de soja escuro
- ½ xícara de caldo de galinha
- 2 colheres de farinha de trigo
- 1½ xícaras de porco assado chinês em cubos

instruções:

a) Na tigela de uma batedeira equipada com um gancho de massa (você também pode usar uma tigela comum e amassar à mão), dissolva 1 colher de chá de fermento seco ativo em 3/4 xícara de água morna. Peneire a farinha e o amido de milho e adicione à mistura de fermento junto com o açúcar e o óleo.

b) Ligue a batedeira no mínimo e deixe até formar uma bola de massa lisa. Cubra com um pano úmido e deixe descansar por 2 horas. (Você adicionará o fermento em pó mais tarde!)

c) Enquanto a massa descansa, faça o recheio de carne. Aqueça 1 colher de sopa de óleo em uma wok em fogo médio-alto. Adicione as chalotas/cebolas e refogue por 1 minuto. Abaixe o fogo para médio-baixo e adicione o açúcar, o molho de soja claro, o molho de ostra, o óleo de gergelim e o molho de soja escuro. Mexa e cozinhe até que a mistura comece a borbulhar. Adicione o caldo de galinha e a farinha, cozinhando por 3 minutos até engrossar. Retire do fogo e misture a carne de porco assada. Reserve para esfriar. Se você fizer o recheio com antecedência, cubra e leve à geladeira para evitar que seque.

d) Depois que a massa descansar por 2 horas, adicione o fermento à massa e ligue a batedeira na configuração mais baixa. Neste ponto, se a massa parecer seca ou você estiver tendo problemas para incorporar o fermento, adicione 1-2 colheres de chá de água. Amasse delicadamente a massa até que fique lisa novamente. Cubra com um pano úmido e deixe descansar por mais 15 minutos. Enquanto isso, pegue um pedaço grande de papel manteiga e corte-o em dez quadrados de 4x4 polegadas. Prepare o vaporizador fervendo a água.

e) Agora estamos prontos para montar os pães: enrole a massa em um tubo longo e divida-a em 10 pedaços iguais. Pressione cada pedaço de massa em um disco de cerca de $4\frac{1}{2}$ polegadas de diâmetro (deve ser mais grosso no centro e mais fino nas bordas). Adicione um pouco de recheio e dobre os pãezinhos até que eles estejam fechados por cima.

f) Coloque cada pão em um quadrado de papel manteiga e cozinhe no vapor. Eu cozinhei os pães em dois lotes separados usando um bambu cozido no vapor.

g) Quando a água ferver, coloque os pães no vaporizador e cozinhe cada lote por 12 minutos em fogo alto.

70. Barriga de porco assada cantonês

PORÇÕES 6-8

Ingredientes:

- 3 libras de fatia de barriga de porco, pele
- 2 colheres de chá de vinho Shaoxing
- 2 colheres de sal
- 1 colher de chá de açúcar
- $\frac{1}{2}$ colher de chá de cinco especiarias em pó
- $\frac{1}{4}$ colher de chá de pimenta branca
- $1\frac{1}{2}$ colheres de chá de vinagre de arroz
- $\frac{1}{2}$ xícara de sal marinho grosso

instruções:

a) Lave a barriga de porco e seque. Coloque-o com a pele para baixo em uma bandeja e esfregue o vinho Shaoxing na carne (não na pele). Misture o sal, o açúcar,

b) cinco especiarias em pó e pimenta branca. Esfregue bem esta mistura de especiarias na carne também. Vire a carne para que fique com a pele para cima.

c) Então, para dar o próximo passo, na verdade há uma ferramenta especial que os restaurantes usam, mas usamos apenas um espeto de metal afiado. Faça furos sistematicamente em toda a pele, o que ajudará a pele a ficar crocante, em vez de ficar lisa e coriácea. Quanto mais buracos houver, melhor. Certifique-se também de que eles vão fundo o suficiente. Pare logo acima da camada de gordura abaixo.

d) Deixe a barriga de porco secar na geladeira descoberta, por 12-24 horas.
e) Pré-aqueça o forno a 375 graus F. Coloque um pedaço grande de papel alumínio (alumínio resistente funciona melhor) em uma assadeira e dobre os lados ao redor da carne de porco confortavelmente, para que você crie uma espécie de caixa ao redor dela , com uma borda de 1 polegada de altura ao redor dos lados.
f) Pincele o vinagre de vinho de arroz em cima da pele de porco. Embale o sal marinho em uma camada uniforme sobre a pele, para que a carne de porco fique completamente coberta. Leve ao forno e asse por 1 hora e 30 minutos. Se a sua barriga de porco ainda tiver a costela, asse por 1 hora e 45 minutos.
g) Retire a carne de porco do forno, ligue a grelha para baixo e posicione a grade do forno na posição mais baixa. Remova a camada superior de sal marinho da barriga de porco, desdobre o papel alumínio e coloque uma grelha na assadeira. Coloque a barriga de porco na grelha e coloque-a de volta sob a grelha para ficar crocante. Isso deve levar de 10 a 15 minutos. O frango deve, idealmente, estar em "baixo" para que esse processo possa acontecer gradualmente. Se o seu frango ficar muito quente, fique de olho nele e certifique-se de manter a carne de porco o mais longe possível da fonte de calor.
h) Quando a pele estiver inchada e crocante, retire do forno. Deixe descansar por cerca de 15 minutos. Fatie e sirva!

71. Ervilhas de neve salteadas

Ingredientes

- 2 colheres de óleo vegetal
- 2 fatias de gengibre fresco descascadas, cada uma do tamanho de um quarto
- sal Kosher
- $\frac{3}{4}$ libra de ervilhas de neve ou ervilhas de açúcar, cordas removidas

instruções:

a) Aqueça uma wok em fogo médio-alto até que uma gota de água chie e evapore em contato. Despeje o óleo e agite para revestir a base do wok. Tempere o azeite adicionando as rodelas de gengibre e uma pitada de sal. Deixe o gengibre chiar no óleo por cerca de 30 segundos, girando suavemente.

b) Adicione as ervilhas e, usando uma espátula wok, misture para revestir com óleo. Frite por 2 a 3 minutos, até ficar verde brilhante e macio.

c) Transfira para uma travessa e descarte o gengibre. Servir quente.

72. Espinafre refogado com alho e molho de soja

Ingredientes

- 1 colher de sopa de molho de soja light
- 1 colher de chá de açúcar
- 2 colheres de óleo vegetal
- 4 dentes de alho, em fatias finas
- sal Kosher
- 8 onças de espinafre bebê pré-lavado

instruções:

a) Em uma tigela pequena, misture a soja light e o açúcar até que o açúcar se dissolva e reserve.

b) Aqueça uma wok em fogo médio-alto até que uma gota de água chie e evapore em contato. Despeje o óleo e agite para revestir a base do wok. Adicione o alho e uma pitada de sal e refogue, mexendo até que o alho fique perfumado, cerca de 10 segundos. Usando uma escumadeira, retire o alho da panela e reserve.

c) Adicione o espinafre ao óleo temperado e frite até que os verdes estejam apenas murchos e verdes brilhantes. Adicione a mistura de açúcar e soja e misture. Retorne o alho para a wok e misture para incorporar. Transfira para um prato e sirva.

73. Repolho Napa Frito Picante

Ingredientes

- 2 colheres de óleo vegetal
- 3 ou 4 pimentas malaguetas secas
- 2 fatias de gengibre fresco descascadas, cada uma do tamanho de um quarto
- sal Kosher
- 2 dentes de alho, fatiados
- 1 cabeça de repolho napa, picado
- 1 colher de sopa de molho de soja light
- $\frac{1}{2}$ colher de sopa de vinagre preto
- Pimenta preta moída na hora

instruções:

a) Aqueça uma wok em fogo médio-alto. Despeje o óleo e adicione as pimentas. Deixe as pimentas chiarem no óleo por 15 segundos. Adicione as fatias de gengibre e uma pitada de sal. Atire o alho e frite brevemente para dar sabor ao óleo, cerca de 10 segundos. Não deixe o alho dourar ou queimar.

b) Adicione o repolho e frite até murchar e ficar verde brilhante, cerca de 4 minutos. Adicione a soja light e o vinagre preto e tempere com uma pitada de sal e pimenta. Atire para revestir por mais 20 a 30 segundos.

c) Transfira para uma travessa e descarte o gengibre. Servir quente.

74. Feijão de corda frito

Ingredientes

- 1 colher de sopa de molho de soja light
- 1 colher de alho picado
- 1 colher de sopa de doubanjiang (pasta de feijão chili chinês)
- 2 colheres de açúcar
- 1 colher de chá de óleo de gergelim
- sal Kosher
- $\frac{1}{2}$ xícara de óleo vegetal
- 1 libra de feijão verde, aparado, cortado ao meio e seco

instruções:

a) Em uma tigela pequena, misture a soja light, o alho, a pasta de feijão, o açúcar, o óleo de gergelim e uma pitada de sal. Deixou de lado.

b) Em uma wok, aqueça o óleo vegetal em fogo médio-alto. Frite o feijão. Delicadamente, vire os grãos no óleo até que pareçam enrugados.

c) Depois que todos os grãos estiverem cozidos, transfira cuidadosamente o óleo restante para um recipiente resistente ao calor. Use um par de pinças com algumas toalhas de papel para limpar e limpar o wok.

d) Retorne a wok ao fogo alto e adicione 1 colher de sopa do óleo de fritura reservado. Adicione o feijão verde e o molho de pimenta, refogue até que o molho ferva e cubra o feijão verde. Transfira o feijão para uma travessa e sirva quente.

75. Bok Choy e Cogumelos Fritos

Ingredientes

- 3 colheres de óleo vegetal
- 1 fatia de gengibre fresco descascado, do tamanho de um quarto
- ½ quilo de cogumelos shiitake frescos
- 2 dentes de alho, picados
- 1½ libras de bok choy, cortado transversalmente em pedaços de 1 polegada
- 2 colheres de sopa de vinho de arroz Shaoxing
- 2 colheres de chá de molho de soja light
- 2 colheres de chá de óleo de gergelim

instruções:

a) Aqueça uma wok em fogo médio-alto. Despeje o óleo vegetal e agite para revestir a base do wok. Adicione a fatia de gengibre e uma pitada de sal.

b) Adicione os cogumelos e frite por 3 a 4 minutos, até que comecem a dourar. Adicione o alho e frite até ficar perfumado, cerca de 30 segundos a mais.

c) Adicione o bok choy e misture com os cogumelos. Adicione o vinho de arroz, a soja light e o óleo de gergelim. Cozinhe por 3 a 4 minutos, mexendo os legumes constantemente até ficarem macios.

d) Transfira os legumes para uma travessa, descarte o gengibre e sirva quente.

76. Mix de Legumes Fritos

Ingredientes

- 3 colheres de óleo vegetal
- 1 fatia de gengibre fresco descascado, do tamanho de um quarto
- sal Kosher
- $\frac{1}{2}$ cebola branca, cortada em pedaços de 1 polegada
- 1 cenoura grande, descascada e cortada na diagonal
- 2 costelas de aipo, cortadas diagonalmente em fatias de $\frac{1}{4}$ de polegada de espessura
- 6 cogumelos shiitake frescos
- 1 pimentão vermelho, cortado em pedaços de 1 polegada
- 1 punhado pequeno de feijão verde, aparado
- 2 dentes de alho, finamente picados
- 2 cebolinhas, em fatias finas

instruções:

a) Aqueça uma wok em fogo médio-alto até que uma gota de água chie e evapore em contato. Despeje o óleo e agite para revestir a base do wok. Tempere o azeite adicionando a fatia de gengibre e uma pitada de sal. Deixe chiar no óleo por cerca de 30 segundos, girando suavemente.

b) Adicione a cebola, a cenoura e o aipo à wok e refogue, mexendo os legumes na wok rapidamente usando uma espátula. Quando os legumes começarem a ficar macios, cerca de 4 minutos, adicione os cogumelos e continue a jogá-los na wok quente.

c) Quando os cogumelos estiverem macios, adicione o pimentão e continue a mexer, cerca de mais 4 minutos. Quando os pimentões começarem a amolecer, adicione o feijão verde e mexa até ficar macio, cerca de mais 3 minutos. Adicione o alho e mexa até perfumar.

d) Transfira para uma travessa, descarte o gengibre e decore com a cebolinha. Servir quente.

77. Delícia de Buda

Ingredientes

- Um punhado pequeno (cerca de ⅓ xícara) cogumelos de orelha de madeira seca
- 8 cogumelos shiitake secos
- 2 colheres de sopa de molho de soja light
- 2 colheres de açúcar
- 1 colher de chá de óleo de gergelim
- 2 colheres de óleo vegetal
- 2 fatias de gengibre fresco descascadas, cada uma do tamanho de um quarto
- sal Kosher
- 1 abóbora delicada, cortada ao meio, sem sementes e cortada em pedaços pequenos
- 2 colheres de sopa de vinho de arroz Shaoxing
- 1 xícara de ervilhas de açúcar, cordas removidas
- 1 (8 onças) lata de água castanhas, lavadas e escorridas
- Pimenta preta moída na hora

instruções:

a) Mergulhe os dois cogumelos secos em tigelas separadas apenas cobertas com água quente até ficarem macios, cerca de 20 minutos. Escorra e descarte o líquido de imersão da orelha de madeira. Escorra e reserve ½ xícara do líquido do shiitake. Ao líquido dos cogumelos, adicione a soja light, o açúcar e o óleo de gergelim e mexa para dissolver o açúcar. Deixou de lado.

b) Aqueça uma wok em fogo médio-alto até que uma gota de água chie e evapore em contato. Despeje o óleo vegetal e agite para revestir a base do wok. Tempere o azeite adicionando as rodelas de gengibre e uma pitada de sal. Deixe o gengibre chiar no óleo por cerca de 30 segundos, girando suavemente.

c) Adicione a abóbora e frite, jogando com o óleo temperado por cerca de 3 minutos. Adicione os cogumelos e o vinho de arroz e continue a fritar por 30 segundos. Adicione as ervilhas e as castanhas de água, jogando para revestir com óleo. Adicione o líquido de tempero de cogumelos reservado e tampe. Continue cozinhando, mexendo ocasionalmente, até que os legumes estejam macios, cerca de 5 minutos.

d) Retire a tampa e tempere com sal e pimenta a gosto. Descarte o gengibre e sirva.

78. Tofu estilo Hunan

Ingredientes

- 1 colher de chá de amido de milho
- 1 colher de água
- 4 colheres de sopa de óleo vegetal ou de canola, dividido
- sal Kosher
- 1 libra de tofu firme, escorrido e cortado em quadrados de ½ polegada de espessura, 2 polegadas de diâmetro
- 3 colheres de sopa de feijão preto fermentado, lavado e amassado
- 2 colheres de sopa de doubanjiang (pasta de feijão chili chinês)
- 1 pedaço de gengibre fresco de 1 polegada, descascado e finamente picado
- 3 dentes de alho, finamente picados
- 1 pimentão vermelho grande, cortado em pedaços de 1 polegada
- 4 cebolinhas, cortadas em seções de 2 polegadas
- 1 colher de sopa de vinho de arroz Shaoxing
- 1 colher de chá de açúcar
- ¼ xícara de caldo de frango ou de legumes com baixo teor de sódio

instruções:

a) Em uma tigela pequena, misture o amido de milho e a água e reserve.

b) Aqueça uma wok em fogo médio-alto até que uma gota de água chie e evapore em contato. Despeje 2 colheres de sopa de óleo e agite para revestir a base e as laterais da wok. Adicione uma pitada de sal e arrume as fatias de tofu na wok em uma camada. Sele o tofu por 1 a 2 minutos, inclinando a wok para deslizar o óleo sob o tofu enquanto ele sela. Quando o primeiro lado estiver dourado, usando uma espátula wok, vire cuidadosamente o tofu e sele por mais 1 a 2 minutos até dourar. Transfira o tofu selado para um prato e reserve.

c) Abaixe o fogo para médio-baixo. Adicione as 2 colheres de sopa restantes de óleo ao wok. Assim que o óleo começar a soltar fumaça, adicione o feijão preto, a pasta de feijão, o gengibre e o alho. Frite por 20 segundos, ou até que o óleo adquira uma cor vermelha profunda da pasta de feijão.

d) Adicione o pimentão e a cebolinha e misture com o vinho Shaoxing e o açúcar. Cozinhe por mais um minuto, ou até que o vinho esteja quase evaporado e o pimentão esteja macio.

e) Misture delicadamente o tofu frito até que todos os ingredientes da wok estejam combinados. Continue cozinhando por mais 45 segundos, ou até que o tofu adquira uma cor vermelha escura e as cebolinhas murcharem.

f) Regue o caldo de galinha sobre a mistura de tofu e mexa delicadamente para deglaçar a wok e dissolver qualquer um dos pedaços presos na wok. Mexa rapidamente a mistura de amido de milho e água e adicione à wok. Mexa delicadamente e cozinhe por 2 minutos, ou até que o molho fique brilhante e espesso. Servir quente.

79. Ma Po Tofu

Ingredientes

- ½ quilo de carne de porco moída
- 2 colheres de sopa de vinho de arroz Shaoxing
- 2 colheres de chá de molho de soja light
- 1 colher de chá de gengibre fresco descascado finamente picado
- 2 colheres de chá de amido de milho
- 1½ colheres de sopa de água
- 2 colheres de óleo vegetal
- 1 colher de sopa de pimenta de Sichuan, esmagada
- 3 colheres de sopa de doubanjiang (pasta de feijão chili chinês)
- 4 cebolinhas, cortadas em fatias finas, divididas
- 1 colher de chá de óleo de pimenta
- 1 colher de chá de açúcar
- ½ colher de chá de cinco especiarias chinesas em pó
- 1 libra de tofu médio, escorrido e cortado em cubos de ½ polegada
- 1 ½ xícaras de caldo de galinha com baixo teor de sódio
- sal Kosher

- 1 colher de sopa de folhas de coentro fresco picadas grosseiramente, para guarnecer

instruções:

a) Em uma tigela pequena, misture a carne de porco moída, o vinho de arroz, a soja light e o gengibre. Deixou de lado. Em outra tigela pequena, misture o amido de milho com a água. Deixou de lado.

b) Aqueça uma wok em fogo médio-alto e despeje o óleo vegetal. Adicione os grãos de pimenta de Sichuan e refogue suavemente até que comecem a chiar à medida que o óleo aquece.

c) Adicione a carne de porco marinada e a pasta de feijão e frite por 4 a 5 minutos, até que a carne de porco esteja dourada e desintegrada. Adicione metade das cebolinhas, o óleo de pimenta, o açúcar e cinco especiarias em pó. Continue fritando por mais 30 segundos, ou até que a cebolinha murche.

d) Espalhe os cubos de tofu sobre a carne de porco e despeje o caldo. Não mexa; deixe o tofu cozinhar e firmar um pouco primeiro. Tampe e cozinhe por 15 minutos em fogo médio. Descubra e mexa delicadamente. Tenha cuidado para não quebrar muito os cubos de tofu.

e) Prove e adicione sal ou açúcar, dependendo de sua preferência. Açúcar adicional pode acalmar o tempero se estiver muito quente. Mexa o amido de milho e a água novamente e adicione ao tofu. Mexa delicadamente até o molho engrossar.

f) Decore com o restante da cebolinha e coentro e sirva quente.

80. Coalhada de feijão no vapor em um molho simples

Ingredientes

- 1 quilo de tofu médio
- 2 colheres de sopa de molho de soja light
- 1 colher de óleo de gergelim
- 2 colheres de chá de vinagre preto
- 2 dentes de alho, finamente picados
- 1 colher de chá de gengibre fresco descascado finamente picado
- $\frac{1}{2}$ colher de chá de açúcar
- 2 cebolinhas, em fatias finas
- 1 colher de sopa de folhas de coentro fresco picadas grosseiramente

instruções:

a) Retire o tofu da embalagem, tendo o cuidado de mantê-lo intacto. Coloque-o em um prato grande e corte-o cuidadosamente em fatias de 1 a 1 $\frac{1}{2}$ polegada de espessura. Reserve por 5 minutos. Descansar o tofu permite que mais soro escorra.

b) Lave uma cesta de bambu para vapor e sua tampa em água fria e coloque-a na wok. Despeje cerca de 2 polegadas de água fria, ou até chegar acima da borda inferior do vaporizador por cerca de $\frac{1}{4}$ a $\frac{1}{2}$ polegada, mas não tão alto que a água toque o fundo da cesta.

c) Escorra qualquer soro extra do prato de tofu e coloque o prato no vaporizador de bambu. Cubra e coloque a wok em fogo médio-alto. Ferva a água e cozinhe o tofu no vapor por 6 a 8 minutos.

d) Enquanto o tofu está cozinhando, em uma panela pequena, misture a soja light, o óleo de gergelim, o vinagre, o alho, o gengibre e o açúcar em fogo baixo até que o açúcar se dissolva.

e) Regue o molho quente sobre o tofu e decore com cebolinha e coentro.

81. Aspargos de Gergelim

Ingredientes

- 2 colheres de sopa de molho de soja light
- 1 colher de chá de açúcar
- 1 colher de óleo vegetal
- 2 dentes de alho grandes, picados grosseiramente
- 2 libras de aspargos, aparados e cortados diagonalmente em pedaços de 2 polegadas de comprimento
- sal Kosher
- 2 colheres de óleo de gergelim
- 1 colher de sopa de sementes de gergelim torradas

instruções:

a) Em uma tigela pequena, misture a soja light e o açúcar até que o açúcar se dissolva. Deixou de lado.

b) Aqueça uma wok em fogo médio-alto até que uma gota de água chie e evapore em contato. Despeje o óleo vegetal e agite para revestir a base do wok. Adicione o alho e frite até perfumado, cerca de 10 segundos.

c) Adicione os aspargos e refogue. Adicione a mistura de molho de soja e misture para cobrir os aspargos, cozinhando por cerca de 1 minuto a mais.

d) Regue o óleo de gergelim sobre os aspargos e transfira para uma tigela de servir. Decore com as sementes de gergelim e sirva quente.

82. Brócolis chinês com molho de ostra

Ingredientes

- ¼ xícara de molho de ostra
- 2 colheres de chá de molho de soja light
- 1 colher de chá de óleo de gergelim
- 2 colheres de óleo vegetal
- 4 fatias de gengibre fresco descascadas, cada uma do tamanho de um quarto
- 4 dentes de alho, descascados
- sal Kosher
- 2 maços de brócolis chinês ou brócolis, pontas duras aparadas
- 2 colheres de água

instruções:

a) Em uma tigela pequena, misture o molho de ostra, soja light e óleo de gergelim e reserve.

b) Aqueça uma wok em fogo médio-alto até que uma gota de água chie e evapore em contato. Despeje o óleo vegetal e agite para revestir a base do wok. Adicione o gengibre, o alho e uma pitada de sal. Deixe os aromáticos chiarem no óleo, girando suavemente por cerca de 10 segundos.

c) Adicione o brócolis e mexa, mexendo até ficar coberto com óleo e verde brilhante. Adicione a água e tampe para cozinhar o brócolis por cerca de 3 minutos, ou até que os talos possam ser facilmente perfurados com uma faca. Retire o gengibre e o alho e descarte.

d) Junte o molho e misture até ficar bem quente. Transfira para um prato de servir.

SOPAS

83. Sopa de macarrão com curry de coco

Ingredientes:
- 2 colheres de óleo
- 3 dentes de alho, picados
- 1 colher de sopa de gengibre fresco, ralado
- 3 colheres de sopa de pasta de curry vermelho tailandês
- 8 onças. peito de frango desossado ou coxas, fatiado
- 4 xícaras de caldo de galinha
- 1 xícara de água
- 2 colheres de sopa de molho de peixe
- ⅔ copo de leite de coco
- 6 onças. macarrão de arroz seco
- 1 limão, espremido

instruções:
a) Cebola roxa fatiada, pimentão vermelho, coentro, cebolinha para guarnecer
b) Em uma panela grande em fogo médio, adicione o óleo, alho, gengibre e pasta de curry vermelho tailandês. Frite por 5 minutos, até perfumar.
c) Adicione o frango e cozinhe por alguns minutos, apenas até que o frango fique opaco.
d) Adicione o caldo de galinha, água, molho de peixe e leite de coco. Leve para ferver.
e) Neste ponto, prove o caldo de sal e ajuste o tempero de acordo.
f) Despeje a sopa fervente sobre o macarrão aletria seco em suas tigelas, adicione um pouco de suco de limão e suas guarnições e sirva. O macarrão estará pronto para comer em alguns minutos.

84. Sopa de macarrão de carne picante

Ingredientes:
- 16 xícaras de água fria
- 6 fatias de gengibre
- 3 cebolinhas lavadas e cortadas ao meio
- $\frac{1}{4}$ xícara de vinho Shaoxing
- 3 libras. mandril de carne, cortado em pedaços de 1 $\frac{1}{2}$ polegada
- 3 colheres de óleo
- 1 a 2 colheres de sopa de pimenta de Sichuan
- 2 cabeças de alho, descascadas
- 1 cebola grande, cortada em pedaços
- anis 5 estrelas
- 4 folhas de louro
- $\frac{1}{4}$ xícara de pasta de feijão picante
- 1 tomate grande, cortado em pedaços pequenos
- $\frac{1}{2}$ xícara de molho de soja light
- 1 colher de açúcar
- 1 pedaço grande de casca de tangerina seca
- macarrão de trigo fresco ou seco de sua preferência
- Cebolinha e coentro picados, para guarnecer

instruções:

a) Aqueça o óleo em outra panela ou wok grande em fogo médio baixo e adicione a pimenta de Sichuan, os dentes de alho, a cebola, o anis estrelado e as folhas de louro. Cozinhe até que os dentes de alho e os pedaços de cebola comecem a amolecer (cerca de 5 a 10 minutos). Misture a pasta de feijão picante.

b) Em seguida, adicione os tomates e cozinhe por dois minutos. Por fim, misture o molho de soja light e o açúcar. Desligue o fogo.

c) Agora, vamos retirar a carne, o gengibre e a cebolinha do 1º pote e transferi-los para o 2º pote. Em seguida, despeje o caldo através de uma peneira de malha fina. Coloque a panela em fogo alto e adicione a casca de tangerina. Cubra e leve a sopa para ferver. Imediatamente abaixe o fogo para ferver e cozinhe por 60-90 minutos.

d) Depois de ferver, desligue o fogo, mas mantenha a tampa e deixe a panela no fogão (com o fogo desligado) por mais uma hora para deixar os sabores se fundirem. A base da sua sopa está pronta. Lembre-se de levar a base da sopa para ferver novamente antes de servir.

85. Sopa de ovo

Ingredientes:
- 4 xícaras de caldo de galinha orgânico ou caldo de galinha caseiro
- ½ colher de chá de óleo de gergelim
- ½ colher de chá de sal
- Pitada de açúcar
- Pique a pimenta branca
- 5 gotas de corante alimentício amarelo
- ¼ xícara de amido de milho misturado com ½ xícara de água
- 3 ovos ligeiramente batidos
- 1 cebolinha, picada

instruções:
a) Leve o caldo de galinha para ferver em uma panela de sopa média. Misture o óleo de gergelim, sal, açúcar e pimenta branca.
b) Em seguida, adicione a pasta de amido de milho
c) Deixe a sopa ferver por alguns minutos e verifique se a consistência está do seu agrado.
d) Coloque a sopa em uma tigela, cubra com cebolinha picada, regue um pouco de óleo de gergelim por cima e sirva!

86. Sopa de wonton simples

Ingredientes:
- 10 onças. baby bok choy ou vegetal verde similar
- 1 xícara de carne moída
- 2½ colheres de sopa de óleo de gergelim
- Pique a pimenta branca
- 1 colher de sopa de molho de soja temperado
- ½ colher de chá de sal
- 1 colher de sopa de vinho Shaoxing
- 1 pacote de skins wonton
- 6 xícaras de caldo de galinha bom
- 1 colher de óleo de gergelim
- Pimenta branca e sal a gosto
- 1 cebolinha, picada

instruções:

a) Comece lavando bem os legumes. Leve uma panela grande de água para ferver e escalde os legumes apenas até murcharem. Escorra e lave em água fria. Pegue um bom pedaço de vegetais e esprema cuidadosamente o máximo de água que puder. Pique os legumes muito finamente (você também pode acelerar o processo jogando-os no processador de alimentos).

b) Em uma tigela média, adicione os legumes picados, carne de porco moída, óleo de gergelim, pimenta branca, molho de soja, sal e vinho Shaoxing. Misture muito bem até que a mistura esteja totalmente emulsificada – quase como uma pasta.

c) Agora é hora de montar! Encha uma tigela pequena com água. Pegue uma embalagem e use o dedo para umedecer as bordas da embalagem. Adicione um pouco mais de uma colher de chá de recheio no meio. Dobre a embalagem ao meio e pressione os dois lados juntos para obter uma vedação firme.

d) Segure os dois cantos inferiores do pequeno retângulo que você acabou de fazer e junte os dois cantos. Você pode usar um pouco de água para garantir que eles grudem. E é isso! Continue montando até acabar todo o recheio. Coloque os wontons em uma assadeira ou prato forrado com papel manteiga para evitar que grudem.

e) Neste ponto, você pode cobrir os wontons com filme plástico, colocar a assadeira/prato no freezer e transferi-los para sacos Ziploc quando estiverem congelados. Eles duram alguns meses no freezer e estão prontos para a sopa de wonton sempre que você quiser.

f) Para fazer a sopa, aqueça o caldo de galinha até ferver e adicione óleo de gergelim, pimenta branca e sal.

g) Leve uma panela separada de água para ferver. Adicione cuidadosamente os wontons, um de cada vez, à panela. Mexa para evitar que os wontons grudem no fundo. Se eles grudarem, não se preocupe, eles devem se soltar quando estiverem cozidos. Eles estão prontos quando flutuam. Tome cuidado para não cozinhá-los demais.

h) Retire os wontons com uma escumadeira e coloque-os em tigelas. Despeje a sopa sobre os wontons e decore com cebolinha picada. Servir!

87. Sopa de ovo

Ingredientes:
- 4 xícaras de caldo de galinha com baixo teor de sódio
- 2 fatias de gengibre fresco descascado
- 2 dentes de alho, descascados
- 2 colheres de chá de molho de soja light
- 2 colheres de amido de milho
- 3 colheres de água
- 2 ovos grandes, levemente batidos
- 1 colher de chá de óleo de gergelim
- 2 cebolinhas em fatias finas para decorar

instruções:

a) Em uma panela wok ou sopa, misture o caldo, gengibre, alho e soja light e leve para ferver. Reduza para ferver e cozinhe por 5 minutos. Retire e descarte o gengibre e o alho.

b) Em uma tigela pequena, misture o amido de milho e a água e mexa a mistura na wok.

c) Reduza o fogo para ferver. Mergulhe um garfo nos ovos batidos e arraste-o pela sopa, mexendo delicadamente à medida que avança. Cozinhe a sopa sem ser perturbada por alguns momentos para definir os ovos. Junte o óleo de gergelim e despeje a sopa em tigelas. Decore com as cebolinhas.

88. Sopa quente e azeda

Ingredientes:

- 4 onças de lombo de porco desossado, cortado em tiras de ¼ de polegada de espessura
- 1 colher de sopa de molho de soja escuro
- 4 cogumelos shiitake secos
- 8 cogumelos secos de orelha de árvore
- 1½ colheres de sopa de amido de milho
- ¼ xícara de vinagre de arroz sem tempero
- 2 colheres de sopa de molho de soja light
- 2 colheres de açúcar
- 1 colher de chá de óleo de pimenta frita
- 1 colher de chá de pimenta branca moída
- 2 colheres de óleo vegetal
- 1 fatia de gengibre fresco descascado, do tamanho de um quarto
- sal Kosher
- 4 xícaras de caldo de galinha com baixo teor de sódio
- 4 onças de tofu firme, lavado e cortado em tiras de ¼ de polegada
- 1 ovo grande, levemente batido

- 2 cebolinhas em fatias finas para decorar

instruções:

a) Em uma tigela, misture a carne de porco e a soja escura para cobrir. Deixou de lado.

b) Coloque os dois cogumelos em uma tigela refratária e cubra com água fervente. Mergulhe os cogumelos até ficarem macios, cerca de 20 minutos. Despeje $\frac{1}{4}$ de xícara de água de cogumelos em um copo medidor de vidro e reserve. Escorra e descarte o restante do líquido. Corte os cogumelos shiitake em fatias finas e corte os cogumelos da orelha da árvore em pedaços pequenos. Retorne os dois cogumelos para a tigela de imersão e reserve.

c) Mexa o amido de milho no líquido de cogumelos reservado até que o amido de milho se dissolva. Misture o vinagre, a soja light, o açúcar, o óleo de pimenta e a pimenta branca até que o açúcar se dissolva. Deixou de lado.

d) Aqueça uma wok em fogo médio-alto até que uma gota de água chie e evapore em contato. Despeje o óleo vegetal e agite para revestir a base do wok. Tempere o azeite adicionando o gengibre e uma pitada de sal. Deixe o gengibre chiar no óleo por cerca de 30 segundos, girando suavemente.

e) Transfira a carne de porco para a wok e frite por cerca de 3 minutos, até que a carne de porco não esteja mais rosada. Retire o gengibre e descarte. Adicione o caldo e deixe ferver. Reduza para ferver e misture os cogumelos. Junte o tofu e deixe cozinhar por 2 minutos. Junte a mistura de amido de milho e volte ao fogo médio-alto, mexendo até a sopa engrossar, cerca de 30 segundos. Reduza o fogo para ferver.

f) Mergulhe um garfo no ovo batido e, em seguida, arraste-o pela sopa, mexendo delicadamente à medida que avança.

89. Sopa de macarrão de carne

Ingredientes:

- ¾ libra de pontas de lombo de carne, cortadas em fatias finas ao longo do grão
- 2 colheres de chá de bicarbonato de sódio
- 4 colheres de sopa de vinho de arroz Shaoxing, dividido
- 4 colheres de sopa de molho de soja light, dividido
- 2 colheres de chá de amido de milho, dividido
- 1 colher de chá de açúcar
- Pimenta preta moída na hora
- 3 colheres de sopa de óleo vegetal, dividido
- 2 colheres de chá de cinco especiarias chinesas em pó
- 4 fatias de gengibre fresco descascado
- 2 dentes de alho, descascados e amassados
- 4 xícaras de caldo de carne
- ½ libra de macarrão chinês seco (qualquer tipo)
- 2 cabeças de bok choy baby, esquartejada
- 1 colher de sopa de óleo de cebolinha-gengibre

instruções:

a) Em uma tigela pequena, misture a carne com o bicarbonato de sódio e deixe descansar por 5 minutos. Lave a carne e seque com papel toalha.

b) Em outra tigela, misture a carne com vinho de arroz, soja light, amido de milho, açúcar, sal e pimenta. Marinar.

c) Em um copo medidor de vidro, misture as 3 colheres restantes de vinho de arroz, 3 colheres de sopa de soja light e 1 colher de chá de amido de milho e reserve.

d) Aqueça uma wok em fogo médio-alto até que uma gota de água chie e evapore em contato. Despeje 2 colheres de sopa de óleo vegetal e agite para revestir a base do wok. Adicione a carne e cinco especiarias em pó e cozinhe por 3 a 4 minutos, mexendo ocasionalmente, até dourar levemente. Transfira a carne para uma tigela limpa e reserve.

e) Limpe o wok e volte-o ao fogo médio. Adicione a 1 colher de sopa restante de óleo vegetal e agite para revestir a base do wok. Adicione o gengibre, o alho e uma pitada de sal para temperar o óleo. Deixe o gengibre e o alho chiarem no óleo por cerca de 10 segundos, girando suavemente.

f) Despeje a mistura de molho de soja e deixe ferver. Despeje o caldo e volte a ferver. Reduza para ferver e retorne a carne para o wok. Refogue por 10 minutos.

g) Enquanto isso, leve uma panela grande de água para ferver em fogo alto. Adicione o macarrão e cozinhe de acordo com as instruções da embalagem. Usando uma escumadeira wok, retire o macarrão e escorra. Adicione o bok choy à água fervente e cozinhe por 2 a 3 minutos, até ficar verde brilhante e macio. Retire o bok choy e coloque em uma tigela. Usando pinças, misture o macarrão com o óleo de cebolinha e gengibre para revestir. Divida o macarrão e o bok choy em tigelas de sopa.

CONDIMENTOS

90. Molho de feijão preto

Ingredientes

- ½ xícara de feijão preto fermentado, embebido
- 1 xícara de óleo vegetal, dividido
- 1 chalota grande, bem picadinha
- 3 colheres de sopa de gengibre fresco descascado e picado
- 4 cebolinhas, em fatias finas
- 6 dentes de alho, finamente picados
- ½ xícara de vinho de arroz Shaoxing

instruções:

a) Aqueça uma wok em fogo médio-alto. Despeje ¼ xícara de óleo e agite para revestir a panela. Adicione a cebola, o gengibre, a cebolinha e o alho e frite por 1 minuto, ou até que a mistura amoleça.

b) Adicione o feijão preto e o vinho de arroz. Abaixe o fogo para médio e cozinhe por 3 a 4 minutos, até que a mistura seja reduzida pela metade.

c) Transfira a mistura para um recipiente hermético e deixe esfriar à temperatura ambiente. Despeje o restante ¾ xícara de óleo por cima e cubra bem. Mantenha na geladeira até o momento de usar.

d) Este molho de feijão fresco manterá na geladeira em um recipiente hermético por até um mês. Se você quiser mantê-lo por mais tempo, congele-o em porções menores.

91. Óleo de Cebolinha-Gengibre

Ingredientes

- 1½ xícaras de cebolinha em fatias finas
- 1 colher de sopa de gengibre fresco descascado e finamente picado
- 1 colher de chá de sal kosher
- 1 xícara de óleo vegetal

instruções:

a) Em uma tigela de vidro resistente ao calor ou de aço inoxidável, misture a cebolinha, o gengibre e o sal. Deixou de lado.

b) Despeje o óleo em uma wok e aqueça em fogo médio-alto, até um pedaço de cebolinha chiar imediatamente quando colocado no óleo. Quando o óleo estiver quente, retire a wok do fogo e despeje cuidadosamente o óleo quente sobre a cebolinha e o gengibre. A mistura deve chiar à medida que você derrama e borbulha. Despeje o óleo lentamente para não borbulhar.

c) Deixe a mistura esfriar completamente, cerca de 20 minutos. Mexa, transfira para um frasco hermético e leve à geladeira por até 2 semanas.

92. Molho XO

Ingredientes

- 2 xícaras grandes de vieiras secas
- 20 pimentas vermelhas secas, hastes removidas
- 2 pimentas vermelhas frescas, picadas grosseiramente
- 2 chalotas, picadas grosseiramente
- 2 dentes de alho, picados grosseiramente
- ½ xícara de camarão seco pequeno
- 3 fatias de bacon, picadas
- ½ xícara de óleo vegetal
- 1 colher de sopa de açúcar mascavo escuro
- 2 colheres de chá de cinco especiarias chinesas em pó
- 2 colheres de sopa de vinho de arroz Shaoxing

instruções:

a) Em uma tigela de vidro grande, coloque as vieiras e cubra por uma polegada com água fervente. Deixe de molho por 10 minutos, ou até que as vieiras estejam macias. Escorra tudo, exceto 2 colheres de sopa de água e cubra com filme plástico. Leve ao micro-ondas por 3 minutos. Reserve para esfriar um pouco. Usando os dedos, quebre as vieiras em pedaços menores, esfregando-os para soltar as vieiras. Transfira para um processador de alimentos e pulse de 10 a

15 vezes, ou até que as vieiras estejam bem raladas. Transfira para uma tigela e reserve.

b) No processador de alimentos, misture os pimentões secos, os pimentões frescos, as chalotas e o alho. Pulse várias vezes até que a mistura forme uma pasta e pareça bem picada. Você pode precisar raspar as laterais para manter tudo uniforme em tamanho. Transfira a mistura para a tigela de vieiras e reserve.

c) Adicione o camarão e o bacon ao processador de alimentos e pulse algumas vezes para picar bem.

d) Aqueça uma wok em fogo médio-alto. Despeje o óleo e agite para revestir a panela. Adicione o camarão e o bacon e cozinhe por 1 a 2 minutos, até o bacon dourar e ficar bem crocante. Adicione o açúcar mascavo e cinco especiarias em pó e cozinhe por mais 1 minuto, até o açúcar mascavo caramelizar.

e) Adicione a mistura de vieiras e pimenta-alho e cozinhe por mais 1 a 2 minutos, ou até que o alho comece a caramelizar. Com cuidado, despeje o vinho de arroz nas laterais da wok e cozinhe por mais 2 a 3 minutos, até evaporar. Tenha cuidado - neste ponto, o óleo pode respingar do vinho.

f) Transfira o molho para uma tigela e deixe esfriar. Depois de frio, separe o molho em potes menores e tampe. O molho XO pode ficar na geladeira por até 1 mês.

93. Óleo de pimenta frita

Ingredientes

- ¼ xícara de flocos de pimenta Sichuan
- 2 colheres de sopa de sementes de gergelim branco
- cápsula de anis de 1 estrela
- 1 pau de canela
- 1 colher de chá de sal kosher
- 1 xícara de óleo vegetal

instruções:

a) Em uma tigela de vidro resistente ao calor ou de aço inoxidável, misture os flocos de pimenta, as sementes de gergelim, o anis, o pau de canela e o sal e mexa. Deixou de lado.

b) Despeje o óleo em uma wok e aqueça em fogo médio-alto, até o pau de canela chiar imediatamente quando mergulhado no óleo. Quando o óleo estiver quente, retire a wok do fogo e despeje cuidadosamente o óleo quente sobre as especiarias. A mistura deve chiar à medida que você derrama e borbulha. Despeje o óleo lentamente para não borbulhar.

c) Deixe a mistura esfriar completamente, cerca de 20 minutos. Mexa, transfira para um frasco hermético e leve à geladeira por até 4 semanas.

94. Molho de ameixa

Ingredientes

- 4 xícaras de ameixas picadas grosseiramente (cerca de 1 ½ libras)
- ½ cebola amarela pequena, picada
- Fatia de gengibre fresco de ½ polegada, descascado
- 1 dente de alho, descascado e amassado
- ½ xícara de água
- ⅓ xícara de açúcar mascavo claro
- ¼ xícara de vinagre de maçã
- ½ colher de chá de cinco especiarias chinesas em pó
- sal Kosher

instruções:

a) Em uma wok, leve as ameixas, cebola, gengibre, alho e água para ferver em fogo médio-alto. Cubra, reduza o fogo para médio e cozinhe, mexendo ocasionalmente, até que as ameixas e a cebola estejam macias, cerca de 20 minutos.

b) Transfira a mistura para um liquidificador ou processador de alimentos e bata até ficar homogêneo. Volte para a wok e misture o açúcar, o vinagre, cinco especiarias em pó e uma pitada de sal.

c) Volte o fogo para médio-alto e deixe ferver, mexendo sempre. Reduza o fogo para baixo e cozinhe até que a mistura atinja a consistência de compota de maçã, cerca de 30 minutos.

SOBREMESAS

95. Lanche de inhame, cenoura e pepino

Porção: 3

Ingredientes:
- molho Worcestershire
- Amendoim
- 2 cenouras
- $\frac{1}{2}$ feijão de inhame
- Gelatina sem sabor
- Molho picante
- Limonada
- amendoim japonês
- 1 pepino
- 6 limões

Método:

a) Rale a cenoura, o inhame e o pepino. Escorra tudo bem.

b) Unte a assadeira com óleo e despeje o feijão.

c) Polvilhe a gelatina e as rodelas de lima. Pressione com firmeza.

d) Adicione uma camada de pepino e cenoura com o mesmo processo.

e) Cubra e congele por 30 minutos.

f) Misture os outros ingredientes para fazer o molho.

g) Polvilhe amendoim para decorar.

96. Biscoitos chineses de amêndoa

Porção: 30

Ingredientes:

- ½ colher de chá de bicarbonato de sódio
- 2 copos de farinha
- ½ colher de chá de fermento em pó
- ¼ colher de chá de sal
- 2 ½ colheres de chá de extrato de amêndoa
- 30 amêndoas inteiras
- ½ xícara de encurtamento
- ¾ xícara de açúcar branco
- 1 ovo
- ½ xícara de manteiga
- 1 ovo batido

Método:

a) Aqueça o Forno a 325°F.

b) Pegue uma tigela grande e adicione a farinha.

c) Adicione sal e misture bem.

d) Adicione o bicarbonato de sódio e o fermento em pó. Mexa bem.

e) Em uma tigela pequena, bata a manteiga, a gordura e o açúcar.

f) Adicione a amêndoa e o ovo na mistura de manteiga e misture bem.

g) Adicione a mistura de farinha e misture até ficar homogêneo.

h) Sove a massa e corte-a em dois pedaços.

i) Refrigere por 2 horas.

j) Corte a massa em 14 a 15 pedaços no sentido do comprimento.

k) Unte a assadeira de biscoitos e enrole cada pedaço em um movimento redondo.

l) Coloque as bolas redondas em uma bandeja de biscoitos e adicione amêndoas no centro de cada bola.

m) Unte os biscoitos com ovo batido usando um pincel.

n) Asse por 15 a 20 minutos até dourar.

o) Retire e deixe esfriar. Sirva quando estiver frio e crocante.

97. Nian Gao

Porção: 10

Ingredientes:
- 2 ½ xícaras de leite
- Uma lata de feijão azuki vermelho
- 16 onças de farinha de arroz doce mochiko
- 1 a 1 ¾ xícara de açúcar
- 1 colher de sopa de bicarbonato de sódio
- ½ xícara de manteiga sem sal
- ¾ xícara de óleo vegetal
- 3 ovos

Método:
a) Aqueça o forno a 350 ° F.
b) Unte a forma com manteiga ou óleo usando spray ou pincel.
c) Misture todos os ingredientes, exceto o feijão, em um processador e bata até ficar homogêneo.

d) Polvilhe farinha de mochiko na assadeira e adicione metade da massa.

e) Espalhe o feijão por cima e adicione outra camada da massa restante no feijão.

f) Asse por 40 a 45 minutos até ficar cozido.

g) Verifique com um palito se estiver bem assado.

h) Sirva frio.

98. Pudim de Arroz Oito Tesouros

Porção: 8

Ingredientes:

Para o arroz

- 1 xícara de passas pretas
- 1 xícara de passas amarelas
- $\frac{1}{4}$ colher de chá de sal

Para a fruta

- Óleo neutro para tigela de revestimento
- 2 xícaras de arroz glutinoso
- 1 colher de óleo de girassol
- 1 xícara de cerejas açucaradas
- 1 damasco seco

Para o recheio

- 1 xícara de sementes de lótus de açúcar
- 100 gramas de pasta de feijão vermelho

Para a água de amido

- 3 colheres de água
- 2 colheres de chá de fécula de batata

Para o xarope de açúcar

- 1 colher de mel
- 1 colher de açúcar
- ½ xícara de água

Método:

a) Pegue uma tigela grande e coloque o arroz nela.

b) Adicione água fria e tampe por 1 hora.

c) Escorra e mergulhe o arroz e cozinhe no vapor por 40 minutos em água fervente.

d) Adicione o azeite e o sal. Misture delicadamente para não quebrar o arroz.

e) Corte as frutas em pedaços pequenos.

f) Pegue uma tigela e unte com óleo.

g) Adicione as frutas e uma camada de arroz. Pressione suavemente.

h) Adicione a pasta de feijão vermelho e espalhe com uma colher.

i) Coloque a camada de arroz e cerejas novamente.

j) Coloque a tigela em água fervente e cozinhe no vapor por 30 minutos.

k) Pegue uma tigela pequena e misture os ingredientes da água da fécula de batata.

l) Mexa até ficar bem combinado.

m) Coloque todos os ingredientes da calda e leve ao fogo. Adicione a água do amido e ferva por 10 minutos.

n) Retire a tigela da água e inverta-a no prato. Adicione o xarope açucarado por cima.

99. Sobremesa flutuante de amêndoa chinesa

Porção: 6

Ingredientes:

- 1 xícara de água fria
- 1 lata coquetel de frutas com calda
- 1 envelope de gelatina sem sabor
- 2 colheres de chá de extrato de amêndoa
- 1 xícara de leite evaporado
- 4 colheres de açúcar granulado
- 1 xícara de água fervente

Método:

a) Pegue uma tigela pequena e misture o açúcar com a gelatina. Misture bem.

b) Adicione água fervente na mistura de gelatina e mexa continuamente até dissolver.

c) Adicione o extrato de amêndoa, leite e água fria. Misture bem.

d) Espere até esfriar. Corte em pedaços e sirva com frutas em lata.

100. Creme de ovo cozido no vapor

Ingredientes:

- 4 ovos grandes, em temperatura ambiente
- 1 ¾ xícaras de caldo de galinha com baixo teor de sódio ou água filtrada
- 2 colheres de chá de vinho de arroz Shaoxing
- ½ colher de chá de sal kosher
- 2 cebolinhas, apenas a parte verde, em fatias finas
- 4 colheres de chá de óleo de gergelim

instruções:

a) Em uma tigela grande, bata os ovos. Adicione o caldo e o vinho de arroz e bata para combinar. Coe a mistura de ovos através de uma peneira de malha fina colocada sobre um copo medidor de líquido para remover as bolhas de ar. Despeje a mistura de ovos em 4 (6 onças) ramequins. Com uma faca, estoure as bolhas na superfície da mistura de ovos. Cubra os ramequins com papel alumínio.

b) Lave uma cesta de bambu para vapor e sua tampa em água fria e coloque-a na wok. Despeje em 2 polegadas de água, ou até chegar acima da borda inferior do vaporizador por ¼ a ½ polegada, mas não tanto que toque o fundo da cesta. Coloque os ramequins na cesta de cozimento a vapor. Cubra com a tampa.

c) Ferva a água e, em seguida, reduza o fogo para fogo baixo. Cozinhe no vapor em fogo baixo por cerca de 10 minutos ou até que os ovos estejam prontos.

d) Remova cuidadosamente os ramequins do vaporizador e decore cada creme com algumas cebolinhas e algumas gotas de óleo de gergelim. Sirva imediatamente.

CONCLUSÃO

A comida chinesa é muito famosa e contém toda a nutrição que o metabolismo e o corpo necessitam para se manterem saudáveis. Embora os chineses consumam, em média, trinta por cento mais calorias do que os americanos e tenham os mesmos padrões de comportamento, eles não têm problemas de obesidade. Isso ocorre porque a frutose e os alimentos sem vitaminas são evitados na culinária chinesa. As técnicas básicas da comida chinesa são fritar, fritar, cozinhar no vapor, ferver e assar. A comida chinesa em casa é muito diferente da comida disponível nos restaurantes.

Há muitos benefícios para a saúde ao consumir comida chinesa. Ajuda a regular os fluidos corporais e a melhorar o metabolismo. Assim, a comida chinesa é famosa na América por seus sabores e estilos de culinária. Vegetarianos, lacto-ovo-vegetarianos, budistas, ovo-vegetarianos, etc., todos podem comer comida chinesa devido a uma grande variedade de técnicas culinárias. Experimente estas diferentes receitas da China e desfrute da cozinha chinesa na sua mesa.

www.ingramcontent.com/pod-product-compliance
Lightning Source LLC
Chambersburg PA
CBHW070503120526
44590CB00013B/736